소설 손자병법

2권/ 패자담의편(覇者談義篇)

張道明 箸

도서
출판 은광사

차례

소설 손자병법 **1**권

차례

소설 손자병법 2권

차례

소설 손자병법 3권

신산귀모(神算鬼謨)

합려에게 등옥이라는 딸이 있었다. 나이는 16살, 몸매는 어린 버드나무 같았고 얼굴은 아름다운 구슬 같았는데, 영리하여 합려 내외는 손바닥의 구슬처럼 귀여워했다. 그 공주가 자살한 것이다 원인은 합려 때문이었다.

통쾌하게 승리하여 서성을 점령하고 개여와 촉용, 두 공자를 쳐죽였다는 보고를 받자 합려는 기뻐했다. 그렇게 되자 초나라를 정복하려는 욕망은 더욱 불타올랐다. 손무가 말했듯이 초나라의 마음을 교만하게 하려면 어떻게 하면 좋은가를 밤마다 연구했다.

어느 날, 아내와 등옥과 함께 식사를 했다. 등옥이 조금 늦게 들어와 앉자, 생각에 잠겨서 식사하고 있던 합려는 자기가 먹던 생선찜 접시를 등옥 앞으로 밀어 놓았다.

「먹어 보아라. 대단히 맛있다.」

다른 뜻이 있어서 한 일이 아니다. 등옥이 어렸을 시절에는 늘 이렇게 먹여 주었으므로, 다른 생각을 하다가 그만 그 버릇이 나온 것에 지나지 않았다.

그러나, 등옥은 화가 났다. 그날 밤,

「아바마마는 저에게 모욕을 주셨습니다. 이 치욕을 받고 더 살 수는 없습니다.」

하는 유서를 남기고 칼로 목을 찔러 죽었다.

요즘 상식으로 보면 이런 일이 어떻게 죽어야 할 모욕이 되는지 이해하기 어렵다. 먼 옛날의 중국에서는 남은 생선을 먹는 것은 노예가 하는 일이었다. 아마 자기를 노예 취급했다고 화를 낸 것이리라. 그렇다고 죽을 정도의 일은 아니라고 생각되는데, 본디 자살자의 심리는 이상한 것이다. 대부분의 자살이 건강한 상식인의 눈으로 보면 죽어야 할 일로는 생각되지 않는다. 아마 등옥은 생리 기간이었는지도 모른다. 어쨌든, 등옥은 자살했다고 〈오월춘추〉와 〈월절서(越絶書)〉에 쓰여있다.

합려는 비탄에 빠졌다. 장례만은 잘 치러 주려고 생각하고 도성 서북문 북쪽에 능을 만들라고 했다. 둘레가 3

킬로미터나 되었다. 그 안에는 연못이 둘 있었고 위쪽 못은 크기가 200제곱미터, 깊이가 760센티미터 아래 못은 크기가 240제곱미터, 깊이가 450센티미터, 능 아래의 선문에서 이들 못 밑을 뚫고, 수도를 뚫어 유해를 안치하고 있는 중앙부에 이르도록 되어 있다고 〈월절서〉에 씌어 있다.

〈오월춘추〉에 의하면 문석(紋石)으로 관을 만들고, 등옥의 유해에는 비장하고 있었던 반영(盤郢)의 명검을 수호하는 칼로 채워주고, 큰 거재(巨材)를 방사상(放射狀)으로 받쳐서 묘혈을 지탱하고 금으로 만든 세발솥, 옥배, 은으로 만든 항아리, 진주로 장식한 속옷 등의 보물을 부장(副葬)했는데, 마지막 장례를 지내기 전에 백성에게 알렸다.

「장송하는 날에는 흰 두루미를 도읍 하늘에 날린다. 이윽고 두루미는 능묘 옆에 내려와서 선문으로 들어갈 것이다. 그 두루미를 따라 간다면 묘 안을 구경하는 것을 허락한다.」

이윽고 그 날이 되자 왕궁에서 풀어놓은 두루미는 하늘 높이 울며 도읍의 상공을 유유히 돌다가 능 가까이에 내려서 긴 다리로 걸어 선문으로 들어갔다.

백성들은 줄줄이 그 뒤를 따라 선문으로 들어갔다. 선

문에는 군데군데 불이 켜 있어서 조금도 불편하지 않았다. 뒤를 이어 사람들이 따라 들어갔다. 남녀 합쳐서 천여 명이 들어갔을 때, 쐐기를 빼자 와르르 산이 무너지고 선문이 막히고 천여 명의 사람이 모두 생매장되었다.

말하자면 억지로 순장(殉葬)된 것이다. 순장은 사후의 세계를 믿는 데서 생긴 관습이다. 사후에도 이 세상과 같은 세계가 있고, 똑같은 생활을 해야 하므로 데리고 가서 봉사 시키려는 것이다. 후세에 와서는 근신들만이 순장되었는데, 고대에는 수많은 사람을 순장하고, 때로는 몇백 명이나 또는 천여 명에 이르렀다.

징기스칸은 중국 본토의 사천 청수현 서강(西江)에서 죽었는데 그 유해를 고국에 옮길 때, 도중에서 만나는 것은, 사람은 물론이고 소나 말, 개나 고양이까지 모두 죽였다. 사후 세계에서 봉사시킬 수 있다는 신앙에서 온 것이라고 도슨은 몽고사(蒙古史)에 썼다. 징기스칸의 손자이며 4대 째인 몽케(憲宗)가 죽었을 때는 2만 명 이상 죽였다고 쓰여 있다.

이 몽고 황제들은 13세기 사람들인데도, 이 시대의 몽고인은 야만인이었다. 중국 본토에서 기원전 사 오백 년 무렵에 벌써, 그렇게 하면 덕망을 해친다고 해서 거의 없어졌던 관습을 소중하게 보존했던 듯하다.

이 소문을 듣자 손무는 뒷일을 부하 장군에게 맡기고 급히 오나라 도성으로 돌아왔다. 자서를 만나 잠깐 상의한 뒤에, 함께 대궐로 가서 합려를 배알했다.

자기 실수로 가장 사랑하던 딸을 여읜 합려는 장례식을 후하게 치르긴 했으나 슬픔이 가시지 않아 우울에 잠겨 지냈다.

손무는 애도의 뜻을 아뢴 뒤 서성에 대한 일을 보고했다.

「수고했소.」

합려는 수고에 감사했으나, 서먹서먹하고 그 간단한 말에는 그다지 흥미가 없는 듯한 마음이 나타나 있었다. 깊은 슬픔 때문에 영웅적 패업 따위도 허무한 것으로 여기는 듯싶었다.

손무는 마음이 약해져서 준비해 왔던 묘책을 말씀 드리기 어렵다고 생각하고 입을 다물었다.

자서가 대신 입을 열었다.

「손선생은 초나라를 교만하게 만들 좋은 묘책을 실행할 때가 왔다고 말하고 있습니다.」

합려는 손무에게 눈길을 보냈으나 그다지 듣고 싶어하는 표정이 아니었다. 눈에 우울한 빛이 어려 있었다.

손무는 더욱 마음이 약해졌다.

자서가 대신해서 이야기했다.

「손선생의 계책은 이렇습니다. 대왕께서 공주님의 장례식에서 행하신 일을 보고 묘책이 떠올랐다고 합니다. 이번 장례식에서 대왕께서는 도민 천여 명을 계략에 의해 순장 시켰습니다. 황공한 말씀이오나 도민들의 평판이 좋지 않습니다. 대왕님의 위엄을 두려워하여 소곤소곤 속삭이고 있을 정도이지만, 실은 대단히 심각합니다. 이것을 선동하여 공공연히 비난의 소리를 들끓게 하면, 초나라는 우리 오나라에 약점이 생겼다고 기뻐하여 교만한 마음을 먹을 것입니다. 다음은 이렇게 하시면 됩니다.…」

자서는 합려의 귀를 빌어 주십사, 하고 청하여 속삭였다.

꽤 오랜 동안의 속삭임을 듣고 있는 동안에, 우울하고 귀찮아하던 합려의 눈이 크게 떠지고 번쩍 빛을 띠었다. 패업을 이루려는 마음이 다시 솟구친 듯 했다.

「좋아! 절묘한 책략이오!」

하고 고개를 끄덕거렸다. 손무를 보고,

「손경. 신산귀모(神算鬼謨)라고 할 만하오. 짐은 경에게 감사하오.」

하고 칭찬했다.

이윽고 오나라 안에서는 장례식 때의 무도한 일을 비난하는 소리가 공공연하게 일어났다. 말할 것도 없이 자서가 비밀리에 시킨 자들에 의해 그렇게 된 것이다. 불씨가 없었던 것은 아니다. 수군거리고 있었다. 거기에 선동하는 자가 있으니, 불길이 솟아오르게 마련이다.

그 무렵, 초나라 왕궁에서는 이상한 일이 일어났다. 어느 날 아침, 소왕이 눈을 뜨자 한 자루의 칼이 잠자리 옆에 있었다. 칼집이며 칼자루며 모두 촉촉히 젖어 있었다. 칼을 빼어보니 날이 날카로워서 검푸른 빛의 깊은 심연을 느낄 수 있었다. 보아 하니 명검이었다. 누가 가지고 왔는지 시신들에게 물었으나 아무도 몰랐다.
　(이상한 일도 있구나!)
하고 의아스럽게 생각했지만, 명검임은 틀림없었으므로 비장해 두었다.
　얼마 지나지 않아서, 풍호(風胡)라는 사람이 초나라 도읍에 왔다. 그는 본디 월나라 사람으로 검의 상을 보기로 유명한 사람이었다. 마차와 종자를 거느리고 꽤 풍부한 여행 차림이었다. 본인의 풍채도 나쁘지 않았고 의젓했다.
　「칼의 상을 보러 천하 주유의 길을 떠났다.」

고 말하며 다녔다.

　호사가들이 칼을 보아 달라고 부탁하면, 만든사람의 이름을 맞추기가 신과 같았고 비평도 뛰어났다. 대뜸 평판이 높아지고, 사람들은 풍호자(風胡子)라는 경칭으로 불렀다.

　그 평판을 들은 소왕이, 궁중에 그를 불러 칼을 내놓고 감정을 부탁했다.

풍호자는 칼집을 빼고 한눈으로 보더니, 갑자기 얼굴이 심각해지며, 반백이 된 수염을 쓰다듬으면서 몇 번이고 찬찬히 본 뒤에,

　「이상한 일도 있군, 아무리 보아도 이 칼은 잠로인데 어떻게 여기 있을까?」

하고 혼잣말로 중얼거리다가 소왕에게 물었다.

　「황공하오나 이 검은 여기 있을 것이 아닙니다만, 어떤 연유로 해서 가지고 계신지요?」

　소왕은 모든 것을 털어놓았다.

　풍호는 무릎을 살짝 치고 탄식하면서 말했다.

　「이것은 오나라 왕 합려가 비장하고 있던 잠로라고 일컫는 검입니다. 월나라 명공 구야자가 만든 것입니다.」

　「호오, 그래!」

　소왕은 놀랐다.

「본디 이 검은 우리 월나라의 왕 윤상이 구야자에게 명하여 만들게 한 다섯 자루의 칼 가운데 하나입니다. 윤상은 다섯 자루 중에서 세 자루를 합려에게 바쳤습니다. 그 무렵의 합려는 아직 오나라의 한 공자에 지나지 않았지만, 오나라 장군으로서는 꽤 세력이 있었으므로, 왕은 그의 마음을 잡아 둘 필요가 있었습니다. 합려는 이것을 받아 하나를 잠로라고 이름을 붙였습니다. 바로 이것입니다. 날이 날카롭고 검푸르기 때문입니다. 다음 것은 반영이라고 이름을 붙였습니다. 동글동글 반석이 이어진 듯한 무늬가 있었기 때문입니다. 나머지 하나는 뜬구름 같은 무늬가 손잡이 근방부터 칼집까지 있었는데, 아직 이름을 붙이지 않았습니다. 그 동안에 합려는 요왕에게 반역하여, 전제로 하여금 요왕을 찌르게 했습니다 그 때 전제가 썼던 칼이 그 칼이었습니다. 찌를 때 전제가 찐 생선 뱃속에 그 칼을 숨겨 두었다가 접근해서 일을 완수했으므로 어장검(魚腸劍)이라는 이름이 붙여졌습니다. 이것은 아직 합려의 손에 있어야 할 것입니다. 합려의 사랑하는 공주가 비명으로 죽었으므로 합려의 슬픔은 대단했으며, 그 공주를 수호해 주는 칼로 반영을 유해에 채워 주고 장례를 지냈습니다. 이 세 자루의 칼 가운데 가장 귀중한 것이 이 잠로입니다. 구야자도 이만한

명검은 다시 만들 수 없다, 이것은 나의 힘으로 만들어
진 것이 아니다. 천지의 백신(白神)이 갑자기 내려와서
도와 주었기 때문이다. 라고 말했습니다. 참으로 오금
(五金)의 영, 태양의 정(精), 천지의 영기가 모여 만들어
진 것입니다. 이것을 빼어들면 신이 이를 돕고, 이것을
차면 그 사람의 위력이 100배로 되어, 어떤 강한 적도 무
찌를 수 있고, 왕밖에 갖고 있을 수 없는 것이며, 만일
소유자가 도의에 어긋나면, 이 칼은 떠나서 도의가 있는
왕에게 간다고 합니다.」

　기괴한 이야기였다. 소왕은 놀랐다.

「그것이 어떻게 나한테 왔을까?」

「그것은 소인으로서도 알 수 없습니다. 생각건대 이런
것이 아닐까 합니다. 합려는 자기의 주군인 요를 죽이고
찬탈하여 오나라 왕위에 앉았습니다. 무도한 신하입니
다. 또 사랑하는 딸을 장사 지낼 때 계략을 써서 천여 명
의 양민을 무덤 속에 생매장했습니다. 무도한 대왕입니
다. 군신으로서도 무도하므로, 잠로는 오나라를 떠나서
이 나라에 온 것입니다. 방금 들은 이야기로, 대왕께서
칼을 잠자리 근방에서 처음 보셨을 때 촉촉히 젖어 있다
고 하셨습니다. 생각컨대, 스스로 장강(長江)을 거슬러
올라온 것이 아닐까요? 또 생각컨대, 대왕님을 도의가

있는 대왕으로 존경한 것이 아닐까요? 대왕님께서는, 많은 충신을 참살하고 백성들의 미움을 받고 있는 비무기를 주살하여 백성의 여망을 채워 주고, 왕손 승을 맞아 백에 봉하고 건 태자의 제사를 지내도록 하셨습니다. 참으로 도의가 있으신 대왕님으로 존경하고 있습니다. 생각건대, 초나라는 대왕님에 의해서 다시금 장왕 시대의 영광을 되찾을 것으로 여겨집니다.」

이야기는 더욱 신기하고 괴이했으나 과학적인 합리정신이 아직 없었던 시대이다. 공자 같은 특별한 천재만이 괴(怪)·력(力)·난(亂)·신(神)에 대해 이야기하지 않은 것을 도리어 특수한 일이라 하여 논어에 특기(特記)되었던 시대다. 신기한 괴담이 상식이었다. 가장 사실을 존중한 역사 기술인 〈춘추좌씨전〉에조차 수많은 신기한 괴담이 가득 있다. 이것은 대체로 이 시대의 책이니까 당연하겠지만, 훨씬 후세의 〈사기〉에조차 그런 괴담이 있다.

소왕은 믿었다. 자기를 도의 있는 대왕이라고 하니 기분이 좋았다.

「이 검이 그렇게 귀중한 것이라면, 그 값어치는 얼마나 나갈까?」

「이 검을 월나라 왕 윤상이 갖고 있었을 때, 어떤 제후로부터 사자로 온 자가 양도해 달라고 윤상에게 교섭하면서 시장이 있는 마을 30, 준마 천필, 1만 호가 있는 고을 둘을 드리겠다고 말했습니다. 그러자, 윤상이 저의 스승 설촉(薛燭)에게 의견을 물었던 바, 이만한 검은 다시 만들 수 없으니, 고을을 가득 채울 황금으로서도, 강을 메울 주옥으로서도 바꿀 수 없고, 하물며 그 정도로는 이야기도 될 수 없다고 대답하여 거래가 깨뜨려졌다는 것입니다. 그렇게까지 귀중히 했던 윤상이 용케도 합려에게 선물로 보냈다고 여겨집니다. 저로서는 알 수도 없지만, 그 무렵의 월나라로서는 그럴 필요가 있었으리라고 생각합니다.」

소왕의 기쁨은 대단했다. 잠로를 보물로 비장하고, 풍호를 기용하겠다고 말하자, 풍호는 굳이 사양했다.

소왕은 황금과 주옥을 풍호에게 보내어 보답했다. 이윽고 풍호는 초나라를 떠나, 북쪽 진나라를 지나서 월나라로 돌아갔다.

이것은 모두 오나라가 시킨 일이었다. 은신술에 뛰어난 사람을 보내어 잠로를 소왕의 잠자리 옆에 놓게 하였으며, 칼의 상을 보는 풍호를 고용하여 여러 나라에 유력한다는 명목으로 초나라에 보내어 그럴 듯한 괴담을 소왕에게 하게 한 것이다. 물론 손무의 책략이다.

책략은 맞았다. 소왕은 대단한 자신감을 가지고 오나라를 업신여겼다.

(나는 하늘의 도움을 받는 도의 있는 왕이다. 합려는 하늘에서 버림받은 무도한 왕이다. 두려워 할 것은 조금도 없다.)

하고 생각하기 시작했다.

이제부터 오나라가 할 일은 당나라와 채나라 등, 초나라의 속국들을 초나라에서 이반시키는 일이었는데, 이것이 쉽게 진행되지 않았다. 손무가 가장 교묘한 전술로 서성을 쳐서 점령했으나, 작은 나라들의 마음을 끌기 위해서는 역효과가 났다. 세상은 그 전략을 교묘하다고 생각하지 않았다. 훌륭한 음악은 속인들의 귀에는 알 수 없다는 속담이 있는데, 전술도 역시 그렇다. 가장 교묘한 전술은 끝난 뒤에 바라보면 특별히 다른 데가 없고, 아무도 생각하지 못했던 것이 도리어 이상한 듯한 느낌이 드는 법이다.

나폴레옹을 격퇴하고 마침내 그 몰락의 바탕을 만든 러시아군의 빨치산 전술을, 이미 에스파니아에서 에스파니아 군이 나폴레옹에게 써서 크게 성과를 올린 것이었다. 나폴레옹이 자랑하는 전술은 적의 최강부에 맹렬한 포격을 집중하여 동요시킨 뒤, 기병을 풀어서 중앙을 돌파하고 더 할바 없이 공포심을 갖게 하여 궤멸시키는 것이다. 이것은 적이 당당한 진을 치고 있을 때가 아니면 쓸 수 없는 전술이다.

에스파니아인들은 나폴레옹을 무서워했기 때문에 대집단을 만들 수 없었고, 작은 부대로 나뉘어서, 벼룩이나 모기가 공격하듯이 나폴레옹 군을 괴롭혔다. 나폴레옹은 마침내 프랑스로 물러갈 수밖에 없었다.

이런 선례가 있었는데, 어느 나라도 이런 전술을 쓰려고 하지 않고 언제나 대집단을 이루어 나폴레옹 군과 대치했고 언제나 그 좋은 미끼가 되었다. 러시아도 처음에는 집단 전술로 싸워 보로디노에서 대패전을 했던 것이다. 러시아의 빨치산 전술은 에스파니아 전쟁의 옛 지혜에서 배운 것이 아니라, 러시아 민중의 애국심에서 자연 발생적으로 생겨난 것이다.

끝난 뒤에 생각해 보면 러시아의 장군들이나, 그 때 러시아에 많이 망명해 와서 전술 지도를 한 도이칠란트의 장군들이 왜 에스파니아인들의 옛 지혜를 생각해내지 못했는지는 이상할 정도다. 그 때 러시아에 와 있던 도이칠란트 장군들 중에는 훗날 가장 유명하고 우수한 전술서이며 전쟁 철학서인 전쟁론을 쓴 클라우제비츠도 있었으니 더욱 알 수 없는 일이다.

가장 탁월한 전술은 언제나 이런 식으로 밖에 생각할 수 없다. 이것을 탁월하다고 평가하는 것은 후세의 비평이다. 그 시대에는 질투심도 있어서, 별로 신기할 것도 없다고 하는 것이 보통이다. 전술조차 우수하다고 보려고 하지 않았으며, 오나라 군사의 강함도 인정하려 하지 않았다.

(초나라 군대는 퇴각하고 있었다. 퇴각하고 있는 군대는 겁을 먹고 평소의 3분의 1의 힘도 없다. 그것을 섬멸했다고 오나라 군대가 강하다는 증명은 되지 않는다.)

하고 모두 생각했다.

그래서, 아직 오나라 힘에 기대야 한다는 생각은 어느 나라도 갖지 않았다.

패자담의(覇者談義)

오나라로서는 아무래도 다시 한번 초나라에 이겨서 오나라 군대가 강하다는 것을 천하에 보여 줄 필요가 있었다.

합려 즉위 4년 가을. 손무를 장군으로 하는 오나라 군대가 서(舒)로 침입하여, 서쪽으로 이어진 잠(潛)을 점령하고, 나아가 북쪽으로 이어진 육(六)을 점령했다. 이 두 도시에 대해서는 앞에도 나왔다. 그 전에 서성에서 손무에게 죽은 개여와 촉용 두 공자가 오나라 군대를 이끌고 공격했다가 초나라 군대에게 퇴로를 끊기고 주춤거리고 있는 사이에 본국에서 반란이 일어나고, 진퇴에 궁한 나머지 초나라에 항복했던 그 두 도읍이다.

초나라는 전에 오나라에 이 두 도읍을 점령당한 일이 있었는데다가 지난해에는 잠과 이웃한 서를 침략당했으므로 두 읍의 방비를 엄중히 굳히고 있었다. 그런데, 손무는 먼저 잠과 육 사이에 군대를 진격시켜 두 읍의 연락을 끊고, 따로따로 고립시킨 뒤, 잠을 무찌르고 다음에 육을 무찔렀다.

잠에 대한 공략은 대단한 격전이었으므로 오나라 사병은 큰 손해를 입었지만, 그 강함은 충분히 발휘되었다. 그래서 잠을 무찌르고 육으로 향하자, 초나라 사병은 겁을 먹고 있었으므로 쉽게 공략할 수 있었다.

인심의 이상함은 이런 데에 있다. 가장 교묘한 전술로 가장 쉽게 이길 수 있었던 지난해의 서성 공략전에는 마음이 움직이지 않았던 천하가, 이번에는 깜짝 놀랐던 것이다.

(최상의 것은 알려지지 않고, 사람 눈에 띄는 것은 언제나 다음 차례의 것이라고 예부터 흔히 말하는데, 아마 그런가 보다.)

하고 손무는 쓴웃음을 짓지 않을 수 없었다. 재난을 만나지 않은 것이 가장 큰 행운인데, 사람들은 그것을 보통으로 여기고, 재난을 만나 기적적으로 살아나면 대단한 행운이라고 본다.

두 도읍을 함락하자 손무는 곧 오나라 도성으로 돌아 갔다. 이미 군사가 강하다는 증명은 되었으므로, 이번에 는 장군으로서의 재능이 우수하다는 것을 증명할 필요 가 있었다. 그러기 위해서는 자기가 장군으로서 지휘하 지 않을 경우에는 전력이 떨어진다는 것을 보여 주는 것 이 가장 효과적이다.

전쟁은 사람끼리의 싸움이다. 단순히 물리적인 힘의 전투가 아니다. 심리(心理)가 차지하는 분야가 많다. 군 사가 강하고 장군 또한 유능한 것이 세상에 알려지면 적 은 싸우지도 않고 마음이 위축되고 기가 죽어 힘이 꺾인 다. 10의 힘이 4할이나 5할 밖에 나오지 않는다. 또는, 싸우지도 않고 굴복할는지도 모른다. 이미 오나라 군사 의 강함이 세상에 알려진 이상 장군의 우수함을 알려 주 는 것은 앞으로의 전쟁에서 절대로 필요한 일이라고 손 무는 생각했다.

손무가 오나라 도성으로 돌아간 뒤에, 오나라 공족인 수(繻)가 잠을 지키고, 아(牙)가 육을 지켰는데, 얼마 있 으려니 초나라가 탈환하려고 군대를 보냈다.
초나라 군대의 장군으로 온 사람은 초나라 공족인 자기 와 심윤술이었다. 자기는 소왕의 배다른 형제이고, 심윤 술은 앞에서 설명한 바와 같다. 공족으로 탐욕스럽기는 하지만, 대장군으로서 초나라에서는 가장 권세가 있는 자상을 설득하여 함부로 남을 헐뜯어 해를 끼친 비무기를 주살시킨 인물이다.

초군은 먼저 잠을 공격했다. 두 장군 모두 인망이 있는 사람이었으므로 사병들은 그 지휘에 잘 따르고 잘 싸웠다. 오군은 지킬수 없어서, 장군 수는 군사를 이끌고 본국으로 물러갔다. 초군은 지난 번 손무의 지략을 본따 잠과 육 사이를 끊고 공격했으므로 육에서 구원하러 갈 수도 없었고, 또한 잠을 버린 뒤 육에 합류할 수도 없었으므로, 수장군은 본국으로 물러갔다. 그 기세를 타고 초군은 육을 공격했으나 성 안에서 필사적으로 방어전을 폈기 때문에 이길 수 없었다. 우물쭈물하고 있으면 오군이 본국에서 밀려올 염려가 있었으므로 초군은 물러가기로 했는데, 잠은 오나라 서쪽에 이웃해 있는데다가 북쪽의 육은 오나라가 차지했으므로 도저히 지킬수 없다고 생각하자, 잠의 주민을 남강(南岡)으로 옮겨 주고 철수했다.

잠은 폐허가 되었다. 영토보다도 백성을 소중이 한 셈인데, 인도적인 마음에서 했다기보다는 백성 쪽이 재정적으로 귀중했으리라. 토지가 광대하고 인구가 적었던 시대의 권력자들의 사고방식이다.

초군이 물러가자, 오나라에서는 다시 출병하기로 했다.

그 때 오나라는 월나라에 대하여 출전하도록 명령했다. 월나라는 그 명령대로 출병한다고 대답은 했으나, 끝내 그 기한까지 군대를 보내지 않았다.

(야만인은 할 수 없군. 소국이 대국을 섬기는 도리를 몰라. 그러다간 나라가 송두리째 없어진다는 것을 모르는 모양이지. 아무튼 속국이 종주국을 대하는 태도가 아니야. 윤상이 무엇을 믿고 그러는 것일까?)

하고 합려는 웃으며 그대로 내버려 두고 자기 나라 군대만을 출병시켜서, 육을 지키고 있는 군사와 합류시켜 현(弦)을 공격했다. 현은 육의 서쪽에 해당된다.

급보를 받은 초나라는 다시 구원병을 보냈다. 이번에도 전의 두 장군이었다. 오군은 그 소문을 듣자 포위망을 풀고, 뱀이 제 구멍에 들어가듯 유유히 물러갔다. 초군은 예장(豫章)까지 갔을 때 이 보고를 받았으므로 그대로 물러갔다.

이와 같은 오나라의 방법은 초나라로 하여금 공연히 피로하게 만들기 위해서였다.

〈좌씨전〉에도 〈처음으로 자서의 모계를 사용하다〉라는 설명이 붙어 있다. 차츰차츰 자서의 계략을 쓰기 시작했다는 글로 해석할 수 있다.

　이듬해, 오나라는 월나라에 군대를 보냈다. 지난해의 출병명령에 응하지 않았던 죄를 묻기 위해서였다.

　월나라 왕 윤상은 두려워서 사자를 보내어,

「저희 나라는 대왕님께 복종하여 공헌을 끊이지 않은 지 수십 년에 이르고 있습니다. 대대로 저희 나라의 충성을 기꺼이 받아주시고 있습니다. 작년에 명을 따르지 못했음은 지정하신 날짜까지 준비가 갖추어지지 않았기 때문입니다. 거듭 사과를 드립니다만, 이번 일 하나로 여러 해에 걸친 충성을 믿어 주시지 않으면 되겠습니까? 대왕님으로서 취하실 길이 아닌 줄로 압니다. 부디 너그러운 양해를 부탁드립니다.」

하고 말했으나 합려는 듣지 않았다.

「오나라 왕은 월나라 왕에게 속국이 종주국을 섬기는 도리를 가르쳐 주고자 한다.」

하고 군대를 보내어 월나라 군을 무찌르고 취리(橋李)를 점령하여 오나라 영토에 편입시켰다. 취리는 전에 오자서가 외롭게 살았던 진택에서 그다지 멀지 않은 곳이다.

　월나라를 정벌한 후, 오나라에서는 누군지 모르게 이런 이야기를 하기 시작했다.

　〈초나라는 우리 나라가 대대로 원한을 품고 있는 나라다. 멀지 않아 정벌하여 자웅을 결정하지 않으면 안 된다. 부지런히 군사를 훈련하고 있으므로 크게 자신은 있지만, 단 한가지 불안한 것은 초나라에 대장군 자상이 있는 일이다. 자상은 인격적으로 여러 가지 평이 있는 인물이지만 본디 장군의 재질과 풍부한 경험이 있고, 가장 용맹한 장군이다. 우리 나라로서는 그와 맞붙어서 승부를 다투어서는 안 된다. 한 번 패하면 돌이킬 수 없다. 그러므로, 만일 자상이 장군으로 오면 피해서 싸우지 않는 것이 상책이다. 자상 다음으로는 자기가 장군으로서 재질이 있다. 그 재질은 잠을 구출했을 때 충분히 입증됐다. 하지만, 자상과 견준다면 상대가 안 된다. 자기가 장군으로 쳐온다면 이기지 못할 것도 없으니, 죽을 힘을 다하여 싸워서 반드시 승리를 거두어 보이리라.〉

누가 한 말인지 알 수 없었다. 어떤 사람은 합려 스스로 한 말이라고 했고, 어떤 사람은 오자서에게 들었다고 했고, 어떤 사람은 손무 장군의 입에서 나온 말이라고 했으나, 분명치 않았다. 소문은 커지고 관리나 서민이나 모두 화제거리로 삼았다.

이것은 손무가 자서에게 말해서 동의를 얻어 퍼뜨린 계략이었다.

예로부터 군대라는 것은 정주지(定住地)에서 떠나면 도적으로 변하는 법이다. 아무리 면밀하게 치중 수송 계획을 세우더라도, 언제나 사병을 양식과 그 밖의 일로 충족하게 해줄 수는 없다. 굶주림을 채우기 위해서는 군대는 징발이라는 강도행위를 하지 않을 수 없다. 이런 경우의 징발이 허용되는 이상 사병들의 도덕 관념은 늦추어질 수밖에 없다. 식량뿐이 아니다. 술·침구·옷·금은·주옥·여자 등등, 약탈하지 않는 것이 없다. 무지하고 건장하고 무기를 든 사병들이 성난 눈으로 고함 지르면 무엇이나 손에 넣을 수 있다는 것을 알고 있으므로 하지 않을 수 없는 것이다. 범하지 않고 약탈하지 않는 군대라는 것은 비교적인 말이며, 문학적인 수사어에 지나지 않는다.

그것은 아무리 군의 규율을 엄하게 해도 막을 수 없다. 오늘은 있어도 내일은 목숨이 없어질는지 모르는 병사들에게 큰 효과를 기대할 수 없다. 그들은 살아 있는 것이 확실한 지금, 살아 있는 것의 가장 확실한 증거를 만끽하고 싶은 것이다. 인격이 고결하고 스스로를 지키기에 엄격한 장군을 모시는 군대도 여기서 벗어날 수 없다면, 탐욕스럽고 불결하고 향락적인 장군에 의해 통솔되는 군대는 더욱 그렇다.

손무가 노리는 바는 여기에 있었다.

자상은 가장 탐욕스러운 장군이다. 그가 이끄는 군대

는 가장 규율이 늦추어지고 가장 부도덕한 도적 군대로 변할 것이 틀림없다. 그들을 초나라 속국 지대로 유인하면 그 포악한 약탈과 폭행은 속국들을 분격시키고, 더욱 초나라에서 마음이 멀어지게 하여, 오나라에 인심이 몰릴 것이 분명하다.

손무는 초나라 도읍에 염탐꾼을 보내어 이간책의 효과를 측정하고 있었는데, 이듬해 여름쯤 되자 효과가 나타났다. 초나라에서 자상의 평판이 높아진 것이다.

「평이 높은 인물인데다, 싸움에 익숙한 맹장이야. 오나라가 두려워서 주저하는 것도 그럴 만하지.」

하고 말하는 사람이 많아지고, 그의 저택에 문안드리러 가는 사람이 많아졌다는 것이다.

손무는 군대를 이끌고, 오나라 도읍에서 떠나 소에서 서로 들어가고, 잠으로 들어가고, 육에서 군대를 쉬게 한 뒤 현으로 향했다.

현에서는 오나라 군대가 왔다고 긴장해서 방어체제를 굳혔으나, 손무는 싸우지 않았다. 대부분의 사병은 현을 포위하도록 남기고 우수한 기병 이천을 골라서 서쪽으로 향하여 채나라 국경지대로 깊이 들어가 초나라의 마을을 불질렀다. 국경을 수비하던 초병들이 곧 달려왔으나 평범한 대장이 이끄는 작은 수비대 따위가 당할 수 없었다. 하나하나 통렬하게 격파당했다.

곧장 소식은 초나라 도읍에 알려졌다. 정벌군이 편성되고 자상이 장군으로 임명되어 진격해 왔다.

손무는 추격군이 가까이 오기를 기다렸다가 그들이 도착하기 몇 시간 전부터 빠른 발을 이용하여 도망치고, 결코 싸우지 않았다. 도망치는 곳은 반드시 채와 당의 두 나라를 주로 하고, 초나라의 속국 영토 안이나 그 곳에서 가까운 국경지대로 제한했다.

20여 일 동안이나 초나라 군대를 유인해서 돌아다녔으므로 이들 속국들은 초나라 군대들에게 몹시 피해를 입었다. 원망의 소리가 나라 안에 가득 찼다.

채나라 왕과 당나라 왕은 자상에게 깊은 원한을 품었다. 끓어오르는 분노로 변했다.

도망치는 동안에 모은 정보로 그것을 알자, 손무는 전속력으로 남쪽으로 도망쳐 예장으로 가서 부근의 마을들을 쳐부수었다.

자상은 이것을 추격했다. 그는 전거를 주력으로 하고 있는데다가 대군이다 마음대로 되지 않았다. 덜컹거리며 느린 행군을 계속하여 겨우 예장에 도착했으나, 그 동안에 손무는 미리 본국에서 군대를 불러 완전히 전투 준비를 갖추었다.

예장에서는 한 명도 남기지 않고 철퇴시키고, 한수에 많은 배를 띄워서 오군의 주력으로 가장하고, 자유롭게 강 위를 오가면서 초군의 틈을 노려 어느 때라도 공격할 기세를 보였다.

오군이 솜씨좋게 부근의 배를 모두 모아서 건너 기슭에 옮겨갔기 때문에 초군에게는 배가 없었다. 초나라 도읍에 급히 사자를 보내 배를 보내달라고 연락하는 한편, 강 위의 오군을 감시하며 긴장하고 있었는데, 이튿날 새벽, 오군이 등뒤에서 습격해 왔다. 손무가 오나라에서 불러온 정병들이었다.

무서운 함성을 지르며 큰 북과 징을 울리고 기습했다. 산이 무너지는 것 같았다. 초군은 당황하여 무서워 떨고 한수에 빠져 죽는 병사가 수없이 많았다. 겨우 목숨이 남은 병사는 도망치고, 자상도 도망쳤다. 이 때 초나라 공자 번(繁)도 목숨을 잃었다.

오군은 오래 머물러 있지 않았다. 승리의 함성을 지르며 본국으로 개선했다.

예장 싸움이 있었던 것은 합려 즉위 7년 초겨울 일이었다.

합려는 이 쾌승에 크게 용기를 얻어, 제후의 패자가 되기를 서둘렀다. 자서·손무·백비를 불러서 말했다.

「이제는 영으로 쳐들어갈 준비를 해도 좋지 않을까?」

춘추시대에는 다섯 사람의 패자가 있었다고 전해지는데, 그 다섯 사람의 이름은 예부터 여러 설이 있어서 일정하지 않다.

패자란 어떤 것일까? 그 시대에 가장 강대한 나라의 지배자라고 인정되는 사람이 천하의 제후를 소집하여 회의를 열고, 주왕조에 대한 충성을 서약시키면 그 사람이 패로 불리게 된다. 제후의 우두머리가 되는 셈이다. 사실 주왕조에 대한 충성 서약이라는 것은 이 시대에는 이름뿐인 것이었다. 패가 이런 형식으로 자기 힘을 제후에게 승인시키는 것에 지나지 않았다.

이런 식이었으니, 위와 같은 조건에 맞는 제후는 다섯 사람뿐이 아니었을 것이다. 다섯 사람으로 한정하려는 생각을 하게 된 것은 전국시대 중엽에 발생했으며, 한대(漢代)에 이르러 전성기였고, 현대에 이르기까지 일부 사람에게 믿어지고 있는 오행설에 의한 것이다. 다섯 사람으로 하지 않으면 오행설에 맞지 않기 때문이다.

아무튼, 합려가 패자가 되기 위해서는 무엇보다 초나라를 크게 무찌를 필요가 있었다. 초나라는 요즘 여러 번 작은 전투에서 오나라에 패하고, 이번에 또한 예장에서 대패하긴 했으나 진나라와 아울러 아직도 두 강대국이다. 만일 이것을 크게 무찌르고 초나라 도읍 영까지 쳐들어가서 성하(城下)의 맹약(盟約)을 받아낸다면, 오나라의 강대함은 싫더라도 천하에서 인정하게 될 것이다.

합려의 이런 마음은 세 사람 다 잘 알고 있었지만, 아직 시기가 익지 않았다는 것이 세 사람의 일치된 의견이었다.

그러나, 합려의 초조함을 알고 있었으므로 급히 대답할 수 없었다.

이럴 때 말할 수 있는 것은 오자서였다. 대담하게 입을 열었다.

「황공하오나 언젠가 손 선생이 말하기를 싸움은 싸워이기는 것이 아니라, 이겨서 싸우는 것이라고 했습니다. 이를테면, 싸움이란 이미 이기고 있다고 스스로 확인하고, 그것을 적에게 확인시키기 위해 한다는 말을 상기해 주시기 바랍니다.」

「알겠소. 그러나, 짐이 보건대 오나라의 힘은 날이 갈수록 떠오르는 아침해와 같지만 초나라는 이미 서쪽으로 기우는 해입니다. 승세는 이미 분명하다고 보는데 경들은 그렇지 않다는 거요?」

기분이 언짢은 것 같았다. 경들이라고 말했지만 합려의 눈은 손무를 향하고 있었다. 손무는 대답하지 않으면 안 된다고 생각했다. 가슴이 떨렸지만 참고 조용히 말했다.

「말씀하신 바와 같이 초나라 세력은 서쪽에 기운 해인 것은 틀림없습니다. 그렇지만, 초나라의 옛날의 여력은 아직 충분히 남아 있습니다. 그들과 함부로 결전을 벌여 반드시 이길 확신은 신으로서는 서지 않습니다.」

여기까지 말했을 때 합려가 초조한 듯이 몸을 움직였기 때문에 당황해서 손무는 덧붙였다.

「신은 필승의 확신이 서지 않는다고 말씀드릴 뿐입니다. 십중 팔구까지는 이길 자신이 있습니다. 그러나, 이긴다고 해도 영까지 쳐들어가기는 도저히 불가능하다고 생각합니다. 영까지 쳐들어가서 적의 목을 누르지 않는다면 대왕님을 패자로 모실 수 없는 일입니다.」

「알겠소.」

합려는 조용히 신음했다.

「기다리면 방법이 있을까? 언제까지 기다리면 될까?」

「내후년까지 기다려 주십시오. 그 때까지는 모든 준비를 갖출 수 있습니다.」

「좋소. 맡기겠소. 내후년까지라고 했소. 짐은 비상한 인내로서 기다리겠소.」

합려는 다짐을 했다.

왕제(王弟) 부개(夫槪)

합려에게서 다짐을 받은 손무는 싫더라도 내후년에는 초군을 격파하고 초나라 도읍 영으로 쳐들어가야 한다고 생각하자, 그 공작에 고심했다.

예장에서의 대패는 초군의 위신을 크게 떨어뜨렸다. 천하는 초나라 국위가 쇠약해진 것을 알았고, 오나라가 강대해진 것을 인정했다. 여태까지 초나라의 속국이 되어 있었던 군소국들은 전부터 초나라의 포악함에 괴로워하고 있었는데, 이번에 자상을 사령관으로 한 초군의 약탈 폭행에 분노하여 더욱 마음이 멀어졌지만 오나라 쪽에 기대려고는 하지 않았다.

수척해지거나 마르더라도 중원의 제후로서의 긍지가

있었다. 야만국인 오나라의 속국이야 되겠는가 하는 기분이 있었다.

작은 나라들은 진나라에 예속되어 그 힘으로 초나라를 칠 것을 꾀하고, 정나라를 대표로서 진나라에 귀속하려고 청했다.

진나라는 옛날부터 초나라와 힘을 겨룬 나라다. 두 나라 사이에 위치하고 있는 여러 작은 나라들은 두 나라 세력의 성쇠에 따라, 어떤 시기에는 진나라에 예속되고, 어떤 시기에는 초나라에 예속되는 것을 되풀이했는데, 이삼십 년 동안은 초나라의 힘이 강해서 모두 초나라에 예속되어 있었다.

진나라로서는 쾌씸한 일이었다. 이 귀속 신청에 대단히 기분이 좋았지만 이렇게 말했다.

「귀국의 뜻은 잘 알 수 있소. 그러나, 반대하는 나라가 있을지 모르오. 여러 나라의 마음을 잘 확인하고 여러 나라가 연합하여 다시 신청하기를 바라오. 모든 나라가 일치된 뜻이라면 고려하겠소.」

목에서 큰소리가 나올 정도로 바라던 기쁜 일이었지만, 이렇게 말하는 점에 이 시대의 특징이 있다. 춘추시대는 주나라 황실의 권위가 떨어지고, 따라서 주나라 황실이 정한 질서가 문란해진 시대다. 특히 이 소설의 시

대인 말기에 이르러서는 더 심했지만, 그래도 아직 형식
을 존중했고, 따라서 겉치레를 차리는 시대였다.

진나라로서는 군소국들이 모두 일치하여 자기 나라의
덕을 흠모하여 귀속해 왔다는 체제로 만들고 싶었으리
라.

정나라는 여러 나라와 의논하여 소릉(召陵)에 모여 회
맹(會盟)하기로 했다. 진나라에서도 사람을 보내 참석시
켰다. 그런데, 이 회맹에 채·진·정의 세나라 사이에
있는 침(沈)이라는 작은 나라가 참석하지 않았다.

진나라는 화를 내어 채나라를 부추겨 침을 쳐서 멸망
시키고 그런대로 각국이 일치된 형식으로 만들어, 각국
의 귀속을 받아들였지만, 초나라를 치자는 중요한 문제
에 대해서는 말이 어긋나 쉽게 승낙하지 않았다.

이런한 작은 나라들의 움직임은 물론 초나라도 알고
있었다. 일격을 가해 이 형세를 깨뜨려 버려야 하겠다고
생각하고,

〈죄없는 침나라를 쳐서 없애다니 무도한 짓이다. 초나
라는 침나라를 위해 그 무도함을 응징해야겠다.〉
하고 선언하고 군대를 풀어 채나라로 밀고 들어가 포위
했다. 채나라는 진나라에 구원군을 부탁했으나, 진나라는
군대를 보내려 하지 않았다. 채나라는 몹시 괴로워했다.

오나라가 기다리던 기회가 마침내 온 것이다.

손무는 오자서와 의논하여 사람을 보내어 초나라 포위망을 빠져 채나라 도읍에 들어가 채후를 배알하여 설득시켰다.

「대왕께서 초나라의 포악한 탐욕 때문에 6년이라는 긴 세월을 영에 억류되어 있었음을 우리 나라 대왕님은 알고 있습니다. 그러한 굴욕은 필부라 할지라도 부끄러운 일입니다. 귀국을 위해 언제나 안타깝게 생각하고 있었습니다만, 이번에 또 초나라의 군대가 몰려와 이렇게 괴로움을 당하고 있습니다. 진심으로 동정하는 바입니다. 초나라는 우리 오나라에게도 몇 대에 걸친 원수입니다. 만일 대왕께서 바라신다면 초나라 군대의 포위를 풀어 드리겠습니다. 그러나, 일단 화는 그것으로 모면할 수 있지만 초나라가 있는 한 다시 수난이 있을 것은 필연적입니다. 바라건대, 대왕님께서 우리 나라와 함께 초나라를 정벌하여 이를 멸망시키는 것이 어떠하겠는지요?」

멸망한 위험에 놓인 채나라 왕으로서는 이제 오나라의 본 바탕이 야만국이라는 것에 구애받고 있을 수 없었다.

「고마운 일이오. 나는 오늘날까지 초나라 도읍에 억류되어 있었던 시절을 생각할 때마다 온몸의 피가 거꾸로 흐르고, 구장(九腸)이 꼬이는 아픔을 느끼오. 나는 초나라에서 돌아오는 길에 한수를 건널 때 구슬을 던져 한수의 신에게 바치면서, 〈다시 이 강을 건너 초나라를 섬기지는 않겠소. 만일 건너는 일이 있으면 그것은 초나라를 정벌할 때입니다. 한수의 신이여, 이것을 받고 나의 맹세를 알아 주옵소서〉하고 기도를 드렸을 정도였는데, 이렇게 초나라 군대의 포위를 받고 다시금 초나라에게 수치를 당하려 하고 있소. 오나라 왕의 힘으로 이 난을 모면할 수 있다면, 앞날의 나의 목숨은 오나라 왕의 것이오. 모든 것은 명령대로 하겠소. 나는 오나라 왕을 따라서 초나라를 칠 것이오.」
하고는 자기 아들 건과 대부의 아들을 볼모로 보낼 것을 약속했다.

사자가 돌아와서 보고하자, 손무는 곧 출병해서 초군의 퇴로를 끊을 듯이 해보였다. 초군은 놀라서 채나라의 포위를 풀고 본국으로 철수했다.

채나라는 약속대로 볼모를 오나라에 보내어 예속하기를 맹세했다.

진나라의 흐리멍덩한 태도에 참지 못한 작은 나라들은 오나라의 신속한 움직임에 가슴 후련함을 느꼈고, 오나라의 평판이 크게 높아졌다.

자서는 사자를 당나라에 보내어 당후를 설득시켰다. 당나라 왕은 기꺼이 맞아서,

「초나라에 대한 원한은 골수에 사무치는 바가 있었으나 힘이 부족하여 참고만 있었소. 오나라 대왕께서 초나라를 정벌하려는 계획이 있다는 것은 우리나라로서는 가뭄에 비구름을 바라듯이 고대하던 일이오. 어찌 방관만 할 수 있겠소. 모든 힘을 기울여 도와서 대왕님의 힘에 의해서 오랜 원한을 갚고 싶소.」

하고 말했다.

이 두 나라는 초나라에 가장 깊은 원한을 품고 있었는데, 다른 소국들도 결코 초나라에 호의를 갖고 있지 않았다. 기회는 익었고, 칼을 들 날만을 기다린다고 해도 좋았다.

오나라는 두 나라와 같이 모의하여 계획을 정하자 10월, 세나라 군대는 저마다 배를 준비하고 회예(淮汭)에 모였다. 합려 스스로 출진하고 손무 · 자서 · 백비 등이 모두 출진했다. 합려의 동생 부개(夫槪)도 5천 명을 이끌고 출진했다고 하니, 오나라는 모든 힘을 기울인 것이다.

회예라는 곳은 한수가 양자강에 합류되는 곳 가까운 지점이라고 생각하면 된다.

초나라에서는 여느 때처럼 자상이 대장군이 되고 심윤술이 부장군이 되어 대군을 이끌고 출진했다. 지난 번 싸움에 질려서 이번에는 많은 배를 준비해 왔다. 초나라 역시 모든 힘을 기울였다. 무서운 대군이었다.

예장에서 한수 상류를 향하여, 연합군은 한수 북쪽 기슭에, 초군은 남쪽 기슭에 진을 치고 서로 노려보며 때를 기다렸다.

초군의 왕성한 진용을 보고 채나라와 당나라 병사는 두려워하는 빛이 있었다. 이러한 자기 편을 가지고 있다는 것은 내부에 병의 뿌리를 갖고 있는 것과 같다.

섣불리 공격하다가 호된 반격을 받으면 아군이 내부에서부터 무너질 위험이 있다. 손무는 적이 공격해올 때 생기는 틈을 타서 한꺼번에 무찌를 생각으로 경비를 굳게 하고 때가 오기를 기다렸다.

초군의 부장군 심윤술은 무척 전투에 뛰어난 사람이었다. 자상에게 이렇게 설득했다.

「각하는 한수를 따라 계속 오르내리면서 틈을 보아 강을 넘으려는 기세를 적에게 보이면서 주의를 이끌어 주시오. 나는 따로 본국에서 군사를 이끌고 빙 돌아 회예에 가서 적의 배를 불질러 버리겠습니다. 적이 놀라서 당황할 때 각하께서 강을 건너 공격하고 내가 후방에서 공격하면 반드시 크게 승리할 수 있습니다.」

　자상이 동의하여서 심윤술은 초나라 도읍으로 돌아갔는데, 이윽고 무성(武成)의 대부 흑(黑)이라는 자가 본영에 와서 자상에게 말했다.

「저는 왜 각하께서 싸우기를 망설이고 있는지 이해할 수 없습니다. 오나라 전거는 나무만으로 만들어졌지만 우리나라 전거는 많은 가죽을 사용했습니다. 이런 늪지대에서 오래 대치하고만 있으면 사용할 수 없게 됩니다. 급히 싸워야 합니다.」

　과연 하천이며 늪이 많은 곳이어서 습기가 많았다. 전거의 요소요소에 사용한 가죽은 습기가 배어 축 처지고 있었다. 그 의견은 일리가 있는 듯이 들렸다. 자상은 망설였으나 아직 결정하지 않고 있었다.

　다음으로 대부 사황(史皇)이라는 자가 자상에게 말했다.

「각하께서는 오랫동안 권세 있는 요직에 계셨고 국정을 전담해 왔으므로 국민들의 원망을 사고 있는 일이 적지 않습니다. 한편 심윤술은 대단히 평판이 좋은 인물입니다. 만일 심윤술의 계략이 성공하여 아군이 승리를 얻으면 그 공은 모두 심윤술의 것이 됩니다. 부디 지금 싸워서 승리하는 편이 좋습니다. 그렇지 않으면 각하의 장래는 아주 쓸쓸하게 됩니다.」

하고 말했다.

그 무렵의 중국인에 대해서는 이런 설득 방법만큼 효과있는 것은 없었다. 자상은 속전으로 끝낼 것을 결심하고 훨씬 상류 쪽으로 군사들을 이동시킨 뒤 강을 건너 빙 돌아서 소별산에서 대별산 근방으로 나가 세 번 싸웠으나 손무가 지휘하는 연합군의 전술은 몹시 교묘하여 초군이 위세를 떨칠 수 없었다.

자상은 겁이 나서 다른 나라로 도망치려고 하자, 사황은 날카로운 말로,

「각하께서는 평화시기에 정치를 맡아 보시고 가장 권세 있는 요직에 있으면서도 싸움터에서 어려워졌다고 해서 도망친다면 무책임하기 짝이 없습니다. 그런 분을 어떤 나라에서 받아주시겠습니까? 여기서 전사할 각오를 하시는 것이 좋습니다. 용감히 싸워서 전사하신다면 여태까지의 죄는 전부 없어집니다.」

하고 간했으므로 자상은 할 수 없이 머물러 있었다.

두 나라 군대가 서로 허를 노려 행동하고 있는 동안, 11월 경오(庚午)날에 양군은 백거(栢擧)에서 대진하게 되었다. 백거라는 곳은 백자산(柏子山)과 거수(擧水)사이의 땅으로 지금의 한구(漢口)북쪽 지역이다. 역시 강

과 늪이 많은 지대이다.

그날 이른 아침, 아직 어두컴컴한 때였다. 합려의 동생 부개가 합려의 본영에 와서,

「적의 대장군 자상은 부덕한 성질로 장병들에게 동정심이 없는 사람이라는 말을 들었습니다. 생각컨대 그의 부하 중에는 목숨을 걸고 자상을 위해 움직일 자가 없을 것이므로 먼저 자상의 본군 보병대를 맹공격하면 보병들은 반드시 무너져 도망칠 것입니다. 그 기회를 타서 아군이 일제히 공격하면 적의 군대는 모두 혼란에 빠질 것입니다. 저에게 선봉을 맞겨 주십시오.」
하고 부탁했다.

합려는 손무의 의견을 물었다.

「공자의 의견은 꽤 탁월합니다. 그렇지만, 소신이 보건대 초군은 멀지 않아 스스로 무너질 조짐이 보입니다. 그 때까지 기다리는 것이 좋을 듯합니다. 이 발판이 나쁜 땅에서 공격하러 나가면 자칫하다간 불리한 처지에 떨어지는 일이 생길지 모릅니다. 그렇게 되면, 아군이 대군이며 더욱이 채나라 군사와 당나라 군사를 거느리고 있는 만큼, 안으로부터 무너져 뜻하지 않은 큰 일이 생길 위험이 있습니다. 종기가 곪아서 멀지 않아 자연히 터질 것이 예상된다며 그 때까지 기다리는 것이 가장 상

책입니다. 서툰 수를 쓰다가는 해가 있습니다. 우리는 여기서 이긴 다음 영까지 쳐들어가지 않으면 안됩니다. 되도록이면 병력을 아껴둘 필요가 있습니다.」
하고 손무는 대답했다.

지당한 이치로 들렸으므로 합려는 부개의 의견을 거절했다.

부개는 못마땅해서 시무룩한 얼굴로 자기 진지로 돌아오자 측근들에게,

「옛 책에 신하로서의 도리는 사태가 좋을 때는 반드시 대왕님 명령에 따를 필요가 없다고 했는데, 오늘의 경우가 바로 그렇다. 오늘 내가 전사하고 분전하면 아군은 초나라 도읍으로 입성할 수 있다. 모두들 내게 목숨을 맞겨라!」
하고 수하의 5천 명을 이끌고 곧장 자상의 본대로 돌격하여 보병대에 맹격을 가했다.

「진격! 진격! 숨돌릴 틈을 주지 마라!」

진구렁 속에서 맨 앞장서서 외치며 진격하는 부개의 진격에 5천 병사들은 온몸이 진흙투성이가 되면서 아수라처럼 돌진했다.

부개의 예상은 적중했다. 초군의 본대인 자상의 보병들은 잠깐도 버티지 못하고 무너져 자기편 여러 부대로

도망쳤기 때문에 전 부대가 혼란에 빠졌다.

본영에서는 손무가 눈썹을 찌푸렸다. 부개의 명령 위반에 대해서는 구름과 같은 불안이 가슴을 덮었지만, 형세가 이렇게 된 이상 이 기회를 밀고 나가지 않으면 안 된다. 그는 북채를 쥐자 마침내 돌격 신호를 울렸다.

모든 군사가 일제히 일어나 공격을 시작하자, 초군은 더욱 혼란에 빠지고 무서워서 마침내 모두 패주했다.

자상은 장왕의 막내아들 자낭의 손자인 귀한 신분으로 태어난 덕분에 권력의 요직에 앉게 된 것에 지나지 않는 인물이다. 대장군이 된 뒤로 여러 해 싸움터에 나가 큰 과오가 없었던 것은 강대한 초나라 군대를 이끌었기 때문이다. 소질로 보아서는 뛰어난 데가 없었고, 결점 투성이의 사나이였다. 역경에 빠지고 어려움에 부딪친 일이 없었다. 전혀 단련되지 않은 인물이었다. 이렇게 되면 본바탕을 드러내지 않을 수 없다. 형편없는 겁쟁이가 되어 도망가기 시작했다.

사황이 말렸으나 듣지 않았다.

「나는 재기할 것을 도모할 테다!」

이렇게 내뱉고 측근들만을 데리고 전속력으로 도망쳤다. 나중에 안 일이지만 멀리 정나라로 도망쳤다고 한다.

사황은 하늘을 우러러보며,

「심윤술의 좋은 계책을 나무라고, 아군을 이렇게 패배시킨 것은 나의 죄다!」

하고 소리 높여 한탄하고 자상이 버리고 간 전거를 타고 자상이 아직 머물러 있는 듯이 가장하고, 얼마 남은 자기편 병사들을 끌어모아, 쇄도하는 오군과 맞서 혈전 분투하다가 죽었다.

사황의 분전은 장렬했지만 전체적인 전국으로 보면 분류중의 조그만 소용돌이에 지나지 않았다. 초군은 산산이 흩어져 패주했으며, 오군은 밀물처럼 추격하여 청발천(淸發川) 가까이까지 쫓았다.

청발천은 전투가 벌어졌던 백거에서 100킬로미터 내외가 되는 곳이다. 하루 동안에 추격한 것만은 아닌 모양이다.

승세에 따라 사기가 왕성해진 오군이 추격을 계속하려고 하자 부개가 막았다.

「궁지에 물린 쥐는 고양이라도 깨문다. 하물며, 사람이니 죽을 듯이 반격할 것이다. 여기까지 이긴 싸움을 헛되이 할 뿐 아니라 큰 패인이 되는지도 모른다. 일단 머물고 공격을 미루는 것이 좋겠다. 먼저 강을 넘어간 자들은 이제 살았구나, 하고 방심할 것이고 후진에 떨어진 자들도 그들처럼 달아나고 싶다고 생각하고 싸울 뜻을 잃을 것이다. 반쯤 강을 건너가기를 기다렸다가 맹렬히 추격하면 좋으리라.」

사람은 형세를 타고 사기가 높아지면 이상하게도 머리가 맑아진다. 이런 맑은 머리가 긴요한 때에 오래 계속되는 사람이 영웅·호걸·천재라고 불리는 사람이 된다. 엄격한 뜻에서 평생 천재이고, 평생 영웅이고, 평생 호걸인 사람은 없다. 머리가 맑은 기간이 길고, 그 기간이 긴요할 때와 일치하고 있는 사람이 그렇게 불리울 따름이다. 말하자면 영민함과 운이 겸비되지 않는다면 천재도 영웅도 호걸도 될 수 없다.

부개는 본디 재략이 뛰어나고 장수로서의 재질도 있는 인물이었겠지만, 반대를 무릅쓰고 독단적으로 결행한 싸움이 아주 멋지게 성공하고 큰 승리를 거두었으므로 사기가 앙양되어 그 때의 생각도 또한 탁월하게 떠올랐다.

뒷 얘기이지만 이런 부개가 너무 평판이 좋은 기세를 타고 얼마 뒤에는 합려에게 모반을 꾀하다가 나라에서 쫓겨나 하잘 것 없는 인생으로 생애를 끝마치게 된다.

운을 타지 않으면 하늘이 준 재능을 뜻대로 발휘하지 못하고, 운을 지나치게 타면 다시 일어날 수 없는 실수를

저지른다. 천재·영웅·호걸이 되기는 참으로 어렵다.

　그런데, 부개의 주장은 이치가 맞는 것이었으므로 합려는 전군에 명을 내려 공격을 일단 늦추게 하고 초군이 반쯤 강을 건너가기를 기다렸다가 다시 추격을 시작했다. 초군은 뿔뿔이 흩어져 더 한층 혼란을 일으키며 패주했다.

　오군이 강을 건너가 보니 먼저 강을 넘은 초군의 선두 부대는 굶주림을 참고 계속 도망쳐 왔으므로 식사 준비를 하고 있었는데, 오군이 쳐들어오자 식사 준비도 팽개치고 도망갔다.

　마침 밥도 국도 김을 올리고 거의 만들어져 있었다. 오나라 병사들도 굶주려 있었다.

「이건 먹음직하군. 어서 먹어야지.」
하고 배를 채운 뒤에 다시 추격을 계속해서 한수가의 옹서에서 따라잡아 격파하고, 그 뒤를 쫓아 또 무찌르고, 또 쫓아가 무찌르고, 다섯 번째로 격파한 뒤에 초나라 도읍 영으로 추격했다. 11월 기묘일(己卯日)이었다고 하니, 백거의 싸움이 있은 뒤 아흐레째였다.

시체에 채찍질하다

「아군 패전, 패주중.」

이라는 보고가 연이어 초나라 도읍에 들어왔으므로, 소
왕으로서는 오나라 군대가 도읍에 쳐들어온 것이 뜻밖
의 일이 아니었다.

〈좌씨전〉에 의하면 초나라 왕궁에는 코끼리가 사육되
고 있었으며, 그 코끼리에 장작을 가득 실은 수레를 끌
게 하여 불을 질러 오나라 군대를 쫓아 버렸다고 씌어
있다. 몇 마리였는지는 적혀 있지 않지만 한두 마리는
아니었던 모양이다. 그렇다면, 애완용이 아니라 군용을
위해 사육하고 있었다고 생각해야 한다.

그 다음의 전국시대에는 제나라의 전단(田單)이 화우

계(火牛計)를 썼으며, 더 후세인 전한(前漢)에서 후한으로 옮길 무렵에는 왕망(王莽)이 범·표범·무소·코끼리 등의 무리를 전쟁터에서 사용하고 있다. 초나라 군대의 화상계(火象計)는 이들 전술의 선례라고 할 수 있으리라.

오군은 한때 놀랐으나 승세를 타고 있었다. 기다렸다가 이튿날인 경진일(庚辰日)에는 영으로 쳐들어갔다.

화상계가 어느 정도의 뛰어난 효과가 있었는지 상세한 기록은 없다. 단 하루 오군의 영에 대한 진입이 늦었을 뿐이다. 손무를 비롯하여 여러 장수들의 대책도 좋았겠지만, 결정적인 원인은 초군이 비장하고 있었던 전술을 아껴 썼기 때문이리라. 욕심대로 말한다면 백거의 싸움 때나, 적어도 청발천(淸發川)언저리에서 이 기발한 전술을 사용했더라면 패세를 막을 수 있었을지 모른다.

그런데, 초나라의 소왕은 어떻게 했을까?

화상계도 실패하자 도성에서 떠났다. 막내여동생인 비아(卑我)하나만 데리고 도망쳤다. 따르는 자는 대부 침윤고(鍼尹固)한 사람뿐이었다. 영의 서쪽을 흐르고 있는 수수(睢水)를 따라 남으로 향하고, 장강을 배로 건너서 운몽(雲夢)으로 들어갔다. 그 무렵에는 뒤따라서 초나라 관리들이 상당히 쫓아왔다. 운몽이 어느 근방인가에 대해서는 지금의 동정호(洞庭湖)라는 설이 있다.

소왕 일행은 얼마 동안 넓은 운몽의 물결에 떠돌며 오군의 모양을 살폈다. 때는 겨울이었다. 찬바람은 불고 물결이 높은데 패잔군의 마음은 더욱 서글펐으리라. 훨씬 뒷날 범희문(范希文)이 악양루기(岳陽樓記)를 썼는데 동정호의 겨울 정경을 이렇게 그렸다.

〈궂은비는 내려 몇 달이나 멎지 않고 찬바람은 울부짖어 파도는 하늘에 구비친다. 해와 별은 빛을 가리고 산 모양도 보이지 않는다. 행상하는 나그네도 가지 않고 돛대는 기울고 노는 부러지고 저녁 어둠 깊은데 범이 울부짖고 원숭이가 운다.〉

이것으로 그 무렵 소왕 일행의 기분을 짐작할 수 있으리라.

그런데, 오군은 어떻게 했을까?

오군은 영에 입성하자 저마다 신분에 따라 여러 장수의 숙사를 정하고 자리를 잡았으나, 여기서 집안 싸움이 일어났다. 영윤 자서(子西)의 저택이 가장 크고 화려했는데 담당 관리는 합려의 셋째아들 자산(子山)의 숙사로 할당했다. 태자 파(波)와 둘째아들 부차(夫差)는 본국에 남아 있었다. 자산이 이 집에 들어가자 이에 불평한 것은 부개였다.

「일족의 순위로 보면 나는 왕의 동생이며 자산의 숙부이다. 공으로 말한다면 이번 싸움에 이긴 것은 나의 힘이다. 백거에서 두 나라 군대가 교착 상태에 빠져 움직이지 못하는 형세를 깨뜨리고 적을 패주시킬 수 있었던 것은 내가 용단을 내려 수하 병사 5천을 이끌고 돌격했기 때문이다. 청발천에서 더욱 큰 타격을 적에게 주고 잇따라 싸워 다섯 번의 승리를 거두고 여기까지 쳐들어올 수 있었던 것은 나의 계략이 좋았기 때문이다. 따지고 보면 이만한 대승리를 거두고 초나라를 멸망케 하고 역대의 원한을 갚을 수 있었던 것은 나 하나의 공에 속한다. 영윤의 저택에는 나 이외의 사람이 살아서는 안된다.」
고 선언하고 병사를 이끌고 몰려갔다. 부개가 이런 기분으로 있었으니, 그 아래의 병사들도 교만해졌다. 흥분해서 거친 기세로 몰려갔다.

아직 소년이라고 해도 좋은 나이인 자산은 넓고 아름다운 저택이 주어져서 들뜬 마음으로 저택 안을 둘러보고 있었는데 부개가 문 앞으로 몰려와서 사자를 보내어,
「내 숙사와 바꿔 주기 바라오.」
하자 놀라며 무서워했다. 급히 물러나서 부개에게 할당된 저택으로 옮겼다.

이 일은 곧 합려에게 보고 되었다. 합려는 불쾌한 얼굴이었으나,

「두 사람 사이에 합의가 되었다면 그것으로 됐어.」

하고 말했다.

손무로서는 미리 짐작했던 일이 일어났다는 느낌이 들었다. 이것이 시발이 되어 계속 이런 일을 일으키고, 점점 그 횟수가 많아지며 나중에는 엄청난 일을 일으킬 것이 틀림없다고 생각했다.

(주역에, 서리를 밟으면 굳은 얼음이 온다는 말이 있다. 그 말대로구나.)

하고 생각했다.

백거에서 부개가 합려에게 건의했을 때, 합려는 손무에게 의견을 물었다. 그 때 손무는 그 전술에는 위험이 따른다. 적은 며칠 안에 스스로 패주할 조짐이 있으므로 위험을 무릅쓸 필요는 없다고 대답했는데, 지금도 그 생각에는 변함이 없었다.

그 때 만일 적에게 명장(名將)이 있어서 떠들지 않고 맞아 싸우고 반격했더라면, 당나라와 채나라 군대는 동요하고 안으로 무너져, 마침내는 아군이 모두 패배할 위험이 충분히 있었다고 믿고 있었다.

(위험한 일이었다. 이긴 것은 요행이다.)

라고 생각했다.

그러나, 그것이 손무 같은 전술 전문가에게만 통용되는 비평이다. 보통 사람이나 왕후 또는 장군 같은 사람이라도 결과만을 가치 판단으로 삼는다. 어떤 전술이라도 이기면 된다. 이제 와서 손무가 그 이유를 설명하고 비난하더라도 받아들이지 않을 것이다. 사람들은 손무가 질투하는 것으로 보고 경멸할 것이 분명하다. 손무로서는 그것을 막을 수 없다.

무엇보다 걱정되는 것은 부개가 일단 합려에게 거부당한 명령을 독단적으로 내려 버린 일이었다. 그것이 성공하여 아군에게 큰 승리를 안겨 주었기 때문에 합려는 부개를 책망하지 않았다. 계속해서 청발천에서 세웠던 전술도 성공했다. 부개는 마침내 모든 장병들에게 영웅처럼 보여지게 되었다.

(부개는 자기 공을 자랑하며 반드시 남을 업신여기는 일을 하리라.)

고 짐작하고 있었는데, 과연 이런 일을 해버렸다. 이 정도의 일로 끝나면 좋지만 결코 그대로 끝나지 않을 것이다. 멀지 않아서 돌이킬 수 없는 일을 하리라고, 불안하게 여겨졌다.

그러나, 이것은 아직 가벼운 일이다. 가장 두려운 것은

부개의 독단적인 행동을 묵과하지 않을 수 없었던 일로
군율(軍律)이 없는 것과 다름없이 되는 것이리라. 그 뒤
부터 오나라 군대에는 통제가 없어지고 장병들이 자기
판단에 따라 멋대로 행동할 위험성이 있었다.

손무는 합려에게,

〈부개 공자의 무공은 칭찬할 일입니다만, 명령 위반죄
는 어디까지나 바로잡아야 합니다.

이것을 문책하지 않으시면 앞으로 우리 나라 군대는 통
솔할 수 없습니다. 소신이 군율을 위해 대왕님의 총희
둘을 참형에 처한 일을 다시 생각해 주시기 바랍니다.〉

이렇게 진언하고 싶었지만, 그 말을 할 수 없었다. 남
의 공을 시기하여 음험하게 참소한다고 사람들이 말할
것이라고 생각했다. 신경질적으로 결백한 손무로서는
남들에게 그렇게 보이는 것이 참을 수 없었기 때문이다.

그렇다고 여러 장군에게 한자리에 모이도록 하여 거기
서 당당하게 발언할 용기는 없었다. 부개가 화를 낼 것
이 두렵다기보다 많은 사람들 앞에 서서 웅변할 수 없을
것 같았다.

가능하다면 합려가 스스로 깨닫고 말하면 좋다. 아니
면 자서나 백비라도 깨닫고 합려에게 진언해 주면 좋을
텐데, 아무도 깨닫지 못하는 것 같았다.

(세상에 나가 앞장서서 일하는 사람에게는 배짱 또는 용기라고 해도 좋다. 뻔뻔스럽다고 해도 좋다. 먼지나 더러움쯤은 두려워하지 않는 면이 있어야 하는데, 나에게는 그것이 없다. 나는 단지 날카로운 판단력과 좋은 머리를 가진 인간일 뿐이다. 결국 세상에 나가 앞장서 일할 사람이 못 된다. 정리하고 발견하고 가르칠 수 있는 사람일 따름이다. 세상에 나가 실지로 응용하는 것은 다른 사람이 할 일이다.)

라고 생각했다.

이런 것은 훨씬 전부터 깨닫고 있었는데, 이제 새삼스럽게 다시 생각했다.

손무는 우울했다.

(나는 멀지 않아 사직해야겠다. 그렇지 않으면 나의 병법까지 더럽히게 된다.)

하고 결심했다.

더욱 화가 치민 일이 오나라 군 안에서 일어났다.

그 한 가지가 오자서였다.

자서는 평왕이 이미 죽었으며, 비무기도 이미 죽은 지금에 와서 소왕을 붙잡아 그를 가장 신랄하게 창피를 주고, 가장 잔혹하게 죽임으로써 아버지와 형의 원한을 갚을 작정이었는데, 그 소왕이 도망쳐 행방을 알 수 없었다.

17년이라는 긴 세월 동안 그 일만을 생각하고 참담한 고생을 하며 꿈 속에서도 생각해 왔던 원한을 갚을 데가 없어진 것이다.

「그렇다면 별수 없다. 평왕의 시신에 온갖 원한을 풀어 주리라!」

이를 갈고 신음 소리를 지르며 사병을 이끌고 평왕의 묘에 가서, 무덤을 파고 관을 뜯어서 끄집어냈다. 두껍고 치밀한 재료로 만든 관 속에 금은 주옥으로 장식된 평왕의 시신은 죽은지 10년이나 되는데 아직 살아 있는 것만 같았다.

자서는 시신을 끄집어 내어 채찍으로 3백 번이나 매질하고 왼쪽 발로 배를 짓밟으며,

「장님과 다름없는 너에게 이런 눈이 있었다니, 말도 안 돼. 이런 것은 필요 없다!」

하고 저주하고 눈알을 파낸 뒤,

「이 두 귀는 옳은 말은 듣지 못하고 참언만 들은 귀다! 있어서 해가 될 뿐이다!」

하고 외친 다음, 두 귀를 찢어내고 마음껏 치욕을 준 뒤 숙사로 돌아갔다.

손무는 이 이야기를 듣고 눈썹을 찌푸렸다. 골수에 사무친 자서의 원한은 잘 알 수 있었지만 이렇게까지 하다

니, 너무나 무자비하다고 보았다.

(무서운 사람이야. 오래 사귈 사람이 못돼. 반드시 그 말로가 좋지 않을 것이다.)

하고 마음 속으로 생각했다.

독자는 신포서(申包胥)라는 사람을 기억하고 있을 것이다. 자서의 가족이 아직 평화롭게 초나라에 봉직하고 있을 무렵, 자서와 다정한 친구였다. 자서의 아버지와 형이 액난을 만나고 자서가 초나라에서 도망칠 때, 우연히 길에서 만나,

「반드시 아버님과 형의 원수를 갚고 초나라를 멸망시킬 걸세.」

하고 자서가 말하자,

「그대가 초나라를 멸망시킨다면 나는 초나라를 구할 걸세.」

하고 대답한 사람이다. 오나라 군대가 영으로 입성했을 때, 피해서 산 속에 있었는데, 자서가 평왕의 무덤을 파헤쳐 그 시신에게 치욕을 주었다는 말을 듣자, 사람을 보내어 자서에게 이렇게 말했다.

「그대가 한 행동은 너무 혹독하네. 이런 옛이야기가 있네. 〈사람이 홍할 때는 하늘을 업신여기고 무도한 짓을 하지만, 이윽고 천도(天道)는 정상적인 길로 돌아와 무

도한 짓을 한사람에게 벌을 준다)고 말일세. 그대는 전에 초나라 왕의 신하였네. 그 밑에서 일했네. 아무리 원한이 있더라도 옛 주군의 무덤을 파헤치고 시신에 매질하고 치욕을 줄 수 있겠는가? 천도는 반드시 그대의 혹독한 죄를 벌할 것이네. 나는 그대를 위해 슬퍼하지 않을 수 없네.」

자서는 충격을 받았지만 말했다.

「나를 위해 신포서에게 전해 주기 바란다. 나는 앞길이 아직 멀지만 서산에 기운 해 같은 나그네의 몸이다. 그럴 수밖에 없었다. 도리에 어긋나는 일도 억지로 한다. 모든 것은 다 알고 하는 것이다.」

이 이야기도 손무는 들었다.

또 있다.

소왕이 영에서 도망칠 때 여동생 비아만을 데리고 떠났으며, 아내는 그대로 두었다. 데리고 떠날 틈이 없었기 때문이다. 합려는 소왕의 아내를 불러들여 잠자리를 함께 했다.

합려뿐이 아니다. 부개는 물론, 자서와 백비도, 다른 장수들도 모두 초나라 공족이나 대관들의 아내를 붙잡아다 자기 것으로 만들었다.

이 시대 여자들은 불쌍했다. 재물(財物)이었다. 전쟁에

지면 적의 소유가 되는 것이 보통이었다.

합려는 손무에게도 자상의 아내를 주겠노라고 말했다. 손무는 몸을 떨었지만, 약한 그는 도의를 내세워 거절할 수 없었다. 그러면, 합려들의 행위를 비난하는 셈이 된다.

「소신은 손가둔에 있는 아내 하나도 감당 못하는 몸입니다. 어떻게 새로 또 걱정거리의 씨를 더할 수 있겠습니까? 사양하도록 허락해 주십시오.」

하고 땀을 흘리며 거절했다.

「경의 부인 이야기는 들은 바 있소.」

합려는 껄껄 웃으며 허락했다.

이런 식이었으니, 오나라 군대는 벌써 군대라고 할 수 없었다. 합려로부터 병졸에 이르기까지 향락을 좋아하는 바람둥이 집단이 되었다. 영은 주지육림(酒池肉林)이 되었고, 술에 취해 외치는 사병들의 고함 소리와 음란한 여자들의 교성으로 들끓는 도가니로 변해 버렸다.

손무로서는 이것저것 모두 마음에 들지 않았다.

(되도록 빠른 기회에 발을 씻어야겠다.)

하고 생각하고 있었는데, 이윽고 그 정도가 아니었다. 심윤술이 군대를 이끌고 밀려온다는 소식이 들어왔다.

심윤술은 자상과의 첫 협의대로 빙 돌아가서 적의 배

를 불사르고 협공하려는 술책을 쓰기 위해서 영에서 이끌고 나간 병사들에 국경 경비병까지 보태어 식(息)까지 갔을 때에는, 초군이 패배하여 영까지 함락되고, 왕은 도망쳤다는 보고가 들어왔다. 식은 현(弦)의 서쪽 육칠십 킬로미터가 되는 곳이다. 심윤술은 놀라고 격분해서 돌아오기 시작했다.

심윤술이 대단한 명장이라는 것을 손무는 알고 있었다. 마음 놓을 수 없는 적수였다. 밀정을 보내 정보를 수집하는 한편 어떤 전술로 나올 것인가를 생각하여 대체로 예상을 세우고 있었다. 아마 심윤술은 오나라 군대가 한수의 배를 모두 차지해 버릴 것을 예상하고 한수를 건너지 않고 옹서 근방에서 결전을 벌일 연구를 할 것임에 틀림없다고 보았다.

(그렇게 되면 이 쪽이 강을 넘는 것을 방관할 리 없다. 반드시 최대한의 손해를 준 뒤에 결전하는 전략으로 나오리라. 아마 기슭에서 상당히 떨어진 곳에 주력을 두고, 기슭에는 얼마 안 되는 병사들만 내보낼 것이다. 그 병사들은 싸우기 위한 것이 아니다. 이 쪽을 유인하려는 미끼이다. 〈적은 두려워하고 있다. 어서 나가자!〉하여 무턱대고 배를 대려고 하면 기슭의 갈대숲에 숨은 복병이 갑자기 화살을 퍼부어 굉장한 손실을 줄 것이다. 적

당히 활을 쏜 뒤에 복병들은 기슭의 병사들과 함께 도망
친다. 아군은 그 기세를 타고 배를 기슭에 대자 곧장 뒤
쫓을 것이다. 그 곳에는 또 복병이 있어서 갑자기 공격
하여 옆을 찌르거나 뒤에서 협격하리라.)
하고 추측했다.

　(심윤술 정도의 인물이다. 대별산과 소별산에서의 아
군의 전술이며, 백거의 전투에서 영의 함락에 이르기까
지 전투 경과는 물론, 어쩌면 부개 공자의 교만함까지
조사할 것이다. 식에서 이 곳까지는 꽤 여러 날이 걸린
다. 가능한대로 정보를 모을 것이다.)
라고 생각하기도 했다.

　이런 무서운 적이 점점 가까이 온다는 것을 손무가 보
낸 밀정들이 계속 돌아와 보고했는데, 오나라 군대는 합
려부터가 초나라 군대를 업신여기고 있었다.

「초나라 군의 솜씨는 알고 있소. 별 것 아니오. 당장 무
찔러 버릴 것이오.」
하면서도 좀처럼 출진하지 않았다. 실은 쾌락의 자리에
서 빠져 나올 생각이 없었던 것이다.

　손무는 여러 장군보다 앞서서 수하 병사 5천을 이끌고
출진하여 한수까지 나갔다.

　이윽고, 초군은 건너편 기슭의 옹서에 예상대로 포진

했다. 주력군은 기슭에서 대여섯 마장이나 물러서서 진을 치게하고, 몇 개의 작은 부대를 기슭에 내보내 드문드문 포진시켰다.

　(예측대로군. 밤이 되면 저 갈대숲에 복병을 숨길 것이다.)

난폭한 치료

해가 저물면 싸움은 불가능하다. 내일 아침이 되면 적의 준비 태세는 더욱 완벽해진다. 해가 저물 때까지 싸워서 격파해야만 했다.

손무는 급사를 파견하여 아군의 출동을 채촉했으나, 좀처럼 아군은 오지 않았다. 잇따라 급사를 보냈지만, 그래도 올 기미는 보이지 않았다.

결국 강기슭 갈대와 싸리가 버스럭거리며 바람이 울릴 때가 되었다. 그 때, 손무의 마음에는 한 가지 생각이 굳어졌다.

(이 기회에 나의 권위를 다시 세우리라.)

라는 생각이었다.

이제는 조바심하지 않았다. 방비를 강화하면서, 침착하게 아군의 도착을 기다렸다.

모든 군사가 해질녘부터 차례차례 도착하여, 밤이 되자 합려도 도착했다. 그 전에 손무는 백척 가량 되는 배를 은밀히 상류로 올려보내어, 강기슭의 갈대숲 속에 매어 놓았다.

밤이 짙어 갈 때, 합려의 군영에서 군사회의가 열렸다.

손무는 대충 적의 진형에 대해 설명했으나, 거기에 숨겨진 뜻에 대해서는 한 마디도 하지 않았다. 오늘 밤 안에 건너편 강기슭 갈대 숲 속에 적병이 매복되리라는 것도 말하지 않았다. 그러나,

「심윤술은 상당한 명장입니다. 얕보는 것은 금물입니다. 그는 하고자 한다면 민가를 헐어서 뗏목을 엮어서라도 강을 건너왔을 것입니다. 우리 쪽에는 불과 5천의 병력으로 방비하고 있을 뿐입니다. 어떻게 대적이 되겠습니까? 그런데도 저렇게 강 저편에 버티고 있으니, 충분히 주의해야 합니다.」

내일의 싸움에는 처음에 오나라 군사가 패한다. 이 정도만 말해 두면, 책임은 모면할 수 있는 것이다. 군율을 바로 잡을 때의 힘이 되기도 한다.

합려는 고개를 끄덕이고 뭔가 말하려 했으나, 부개가

난폭한 치료 / 75

먼저 말했다.

「소장이 보는 바로는 손경의 견해와 다르오. 손경은 적군이 강을 건너지 않은 것을 심윤술의 계획일지도 모른다고 하시지만, 소장은 그렇게 보지 않소. 초나라 군사는 거듭되는 패전에 기가 꺾여 마음속으로 두려워하는 데다가 먼 길을 급히 와서 몹시 지쳐 있소. 심신이 모두 매우 상태가 나쁘오. 뭔가 까닭 있는 척 가장하여 이 쪽이 의혹을 갖도록 하여 망설이게 한 다음, 그 사이에 기력을 기르자는 것이오. 행동을 미루는 것은 공연히 적이 생각한대로 되어 주는 것뿐이오. 내일 해뜨기 전 이른 새벽의 어스름을 타서 강을 건너 단숨에 격파해야 하오. 소장이 선봉을 맡으리다.」

자신에 넘친 안하무인인 말투였다.

반박할 사람은 없었다. 부개에게는 실적이 있었다. 전군의 영웅이 되어 있다. 그 교만한 태도에 불만이 있더라도 나타낼 수 없는 분위기였다.

손무는 예상한 일이었지만, 더욱 분위기를 돋우기 위해 짐짓 반박했다.

「공의 말씀은 아주 지당한 이치인 줄 압니다. 그러나, 상대가 심윤술인지라 조심해야 한다고 생각합니다. 건너려면 건널 수 있는 강을 건너지 않고, 마치 건너오라는 듯이 길을 터놓고 진을 치고 있는 것이 불안합니다.」

여느 때와 같은 소근대는 듯한 말투였다.

부개는 홱 돌아보며 소리를 질렀다.

「무슨 일이든 조심해야겠지만, 지나친 조심은 겁쟁이 라는 말과 같은 뜻임을 모르시오! 아직 일어나지 않은 일 에는 가능성이 얼마든지 있소. 일일이 구애되다가는 꼼 짝할 수 없게되오. 결단이 필요하오! 단연코 행하면 귀 신도 패한다지 않소. 하물며, 이번 일은 적이, 앞서 말한 것과 같은 상태인데 우리는 충분한 휴식을 취하여 예기 가 넘치고 있소. 때를 놓치면 수고가 기다린다는 말은 손경 스스로 그 병서에서 말하고 있소. 모처럼 지쳐 있 는 적에게 쉴 시간을 주어 기력을 회복하게 하는 전법이 어디에 있소? 적과 부딪치지 않고 어찌 싸움이 되겠소. 싸움을 지연하면 할수록 적에게 이로움을 주는 것으로 생각하오. 내일 아침에는 날이 밝기 전에 싸움을 시작할 것을 단호히 말씀드리오.」

그 자리에 앉은 장수들을 업신여기며 질책하는 듯한 강한 어조였다.

합려는 그 말을 받아들여, 내일 아침 전투를 시작하라 고 말하고 부개가 선봉을 맡을 것을 허락했다.

손무의 말은 완전히 무시된 것이다. 사람들도 그를 무

시하거나 불쌍히 여기는 듯한 눈길을 돌렸다. 손무는 아무 말도 하지 않았다. 눈길을 돌리고 눈을 깜박거리며, 어설픈 모습을 하고 있었다. 그러나, 가슴 속으로는 이렇게 생각하고 있었다.

(잘 되었다. 잘 되었어. 이제는 권위를 회복할 수 있다.)

회의를 파하고 자기의 진영으로 돌아오는 도중 손무는 강가로 나가 말을 세우고 건너편 기슭을 바라보았다. 하늘에는 구름이 군데군데 떠 있었다. 그 틈으로 별이 밝은 빛을 뿜으며 내다보고 있었다. 넓은 강을 건너오는 바람은 매섭게 차갑다. 둑 밑의 마른 갈대들이 메마른 소리를 내고 있었다.

어두워서 잘 보이지 않으나, 아무래도 적은 이미 건너편 강기슭 갈대숲에 병사를 매복시킨 것 같았다. 잠시 뚫어지게 바라본 뒤,

(난폭한 치료지만 하는 수 없지.)

중얼거리고, 터벅터벅 말머리를 돌렸다.

새벽 어둠이 아직 깊은 무렵부터 오나라 군의 모든 부대는 행동을 개시했다. 선두에 선 것은 말할 것도 없이 부개의 5천의 병력이었다.

부개는 병사들을 정렬시켜 놓고, 그 앞 둑 위를 말을

타고 왔다갔다하면서 격려했다. 적은 거듭된 패전과 먼 길을 왔기 때문에 심신이 지쳐 있는 자들이니, 기력과 체력이 모두 왕성한 그대들 앞에서는 바람 앞의 티끌이며 큰 바위 밑에 깔린 달걀과 같다고 말하고,

「모두들, 부개의 부대임을 잊지 말라. 오로지 전진하여 승전의 명예를 더하라!」

이렇게 불길처럼 격한 말로 끝맺었다.

훈시가 끝나자 병사들은 기슭에 매어 놓은 배에 올라 탔다. 부개의 배는 맨 앞장섰다. 스스로 북채를 잡고 북을 울렸다. 병사들의 사기는 고조되어 요란한 함성을 질렀고, 새까맣게 떼를 지어 어두운 강을 건너갔다.

그런데, 부개의 선대가 강 반쯤 가자, 다른 모든 선대 또한 출발했다. 함성은 어두운 강 여기저기에서 일어나 강 전체가 병사들로 묻혔는가 여겨질 정도였다.

손무는 이에는 아랑곳하지 않았다. 수하 병사들을 이끌고 둑 위를 상류 쪽으로 급히 올라가, 어젯밤 준비했던 배에 나누어 타게 했다. 말도 실었다.

그리고, 엄하게 명령했다.

「하류에 어떤 일이 일어나더라도 상관하지 말라! 모두 내가 탄 배를 따라 어김없이 행동하라!」

노 젓는 소리를 죽이고, 모든 병사는 목소리를 죽인 채

기슭을 떠났다.

가운데쯤까지 건넜을 무렵, 날은 점점 뿌옇게 밝아오고, 곧이어 하류에서 싸움이 시작되었다. 아직 어두컴컴해서 똑똑히 보이지는 않지만, 아군은 낭패하여 혼란에 빠진 모양이었다. 손무가 예상한 대로 활을 쏘기에 알맞은 거리까지 접근하기를 기다렸다가, 기슭의 갈대숲에 매복했던 적병들이 일시에 활을 쏘아댄 것이 틀림없었다.

손무의 병사들도 동요하는 빛이 있었으나, 손무의 배가 조금도 달라지지 않은 태도로 쑥쑥 저어 나가는 것을 보고 곧 진정되어 전진해 나갔다.

주위가 차츰 환해진다. 손무는 앞을 살피기도 하고, 하류에서 벌어진 전투를 살피기도 하며 계속 저어나갔다.

부개의 선대는 아직도 멀었으려니 생각하는 참에 느닷없이 갈대 숲 속에서 화살이 비오듯 날아와 적지 않은 사상자를 내어 당황하고 침착성을 잃었으며, 배는 사방으로 흩어지고 다시 되돌아가는 자까지 있었다.

만일 이때, 적에게 배가 있어 돌격해 왔다면, 오군은 부개의 선대 뿐만이 아니라, 뒤따르는 모든 선대가 패하고 말았을 것이다.

(심장군. 원통하겠군.)

왠지 손무는 동정하지 않을 수 없었다

곧, 부개의 선대는 혼란이 수습되어, 다시 전진을 계속했다. 전처럼 경솔하고 소란스럽게 전진하지 않았다. 매우 조심스럽게 나아갔다. 강물이 굽어 있으므로 보이지 않으나, 매복했던 적병들은 둑으로 올라가 퇴각하기 시작했음에 틀림없었다.

손무는 노 젓는 병사에게 속력을 빨리 하라고 명령했다. 손무의 배가 빨라지자 모든 배들도 빨라져서 드디어 건너편 기슭에 닿았다. 그 때에는 이미 완전히 밝아 있었다. 하류 쪽에서도 오군의 대부분이 기슭으로 올라간 듯, 격렬한 전투 소리가 높은 파도소리처럼 해뜨기 전의 하늘에 울려 퍼져 들려왔다.

기슭에 올라가자 손무는 5천 병사 가운데서 2천을 골라 말에 태우고 손수 이를 지휘하기로 하고 나머지 3천의 보병을 부장에게 맡기며 말했다.

「귀관은 곧장 적을 향해 주기 바란다. 서두를 것은 없으나, 너무 느려서도 안 된다. 보통 속도로 가라. 머지않아 아군의 모든 부대는 적에게 패하여 혼란에 빠지겠지만, 그것은 일시적인 일이므로 두려워하지 말고 전진하라. 이 때도 보통 속도로 전진하라. 곧 이어 이번에는 적이 뒤쪽에서부터 허물어질 것이다. 그러면, 될 수 있는 대로 크게 쇠북을 울리고, 될 수 있는 대로 크게 함성을 질러라. 이 때에도 서두르거나 조급히 굴지 말고, 되도록 발걸음을 가지런히 하여 나가라. 적은 반드시 더욱 더 혼란에 빠질 것이다. 그렇게 되면, 일단 허물어졌던 아군의 모든 부대가 기력을 되찾아 공세로 나갈 것이다. 귀관도 돌격하여 크게 공을 세우도록 하라. 알겠는가?」

당부를 해 두고, 손무는 기병대를 이끌고 언덕 뒤를 따라, 멀리 빙 돌아 적의 등뒤로 향했다.

손무의 예견은 전부 적중했다.

강을 건널 때까지 통렬한 타격을 받아 상당한 사상자를 내고 피해 달아나기 시작한 부개는 부끄럽고 분하여 몹시 흥분하고 있었다.

「한 치도 물러서지 말라! 잠시도 주저하지 말라!」

라고, 절규하면서 맨 먼저 기슭에 닿자 둑 위로 달려 올라갔다. 병사들이 대를 짜는 것도 답답한 듯, 마구 돌아다니며 채찍을 휙휙 울리다가, 대가 다 짜여지고 말을 끌어오자 말 등에 뛰어 올라탔다.

「따르라!」

외치며 달려나갔다.

앞서 가는 것은, 부개에게 타격을 준 복병들과 둑 위에 대기하고 있던 병사들이다. 걸음을 흩뜨리지 않고 정연하게 물러갔다. 가는 곳은 대여섯 마장 저 편에 있는 초군의 본진이다.

그 본진은 전거 백 대를 줄지어 세워놓고 보기에도 탄탄하게 대비하고 있는 진이었다.

부개는 격분하여 외쳤다.

「놓치지 말라! 단 한 놈도 남기지 말고 베어라!」

이윽고 차츰 거리를 좁혀 활쏘기에 알맞은 거리까지 다가갔을 때, 쫓기고 있던 초병들은 딱 멈추더니 되돌아서며 방패를 가지런히 하고, 그 뒤에서 활을 쏘아댔다. 날카로운 소리를 내며 날아오는 화살은 비오듯했다.

그 가운데 화살 하나가 부개의 말 왼눈을 스쳤다. 말은 놀라서 꼿꼿이 섰다. 부개는 안장에 머물러 있지 못하고 돌멩이처럼 굴러 떨어졌다. 말은 미친 듯이 머리를 마구 흔들어 대며 옆으로 쏜살같이 달아났다.

초병은 요란하게 함성을 질렀다.

부개는 말에서 떨어졌을 뿐, 몸에는 아무런 상처도 입지 않았다. 벌떡 일어나서 무사하다는 것을 아군 병사들에게 보여 주기 위해 팔을 높이 들고 흔들어 보였다.

초병들은 와아, 하고 웃었다. 박자를 맞추듯이 소리를 맞추어 세 번이나 웃었다. 이것이 이 쪽을 격분하게 하기 위해 일부러 하는 것임을 잘 알고 있었지만, 그래도 화가 치밀었다. 타는 듯한 눈초리로 적을 노려보았을

때, 초군의 본영에 늘어서 있는 부대에서 1대가 달려오
더니, 처음부터 있던 병사들의 왼쪽으로 전개하여 이들
또한 방패를 세우고 활을 쏘아대기 시작했다.

방패도 없거니와 몸을 숨길만큼 알맞은 물체도 없이
탁 뜨인 들판이다. 부개의 부대는 갑옷을 맞댄 채 몸을
웅크리고서 있는 수밖에 없었다.

부개는 이를 갈며 분노하다, 문득 오늘의 싸움이 처음
부터 상황이 다른 것을 깨달았다.

(나는 여기서 전사할 지도 모른다.)

이렇게 생각하자, 형용할 수 없는 공포에 휩싸였다.

심윤술은 초군의 본영에서, 이 때를 기다리고 있었던
모양이다. 마침내 요란하게 북을 울렸다.

그러자, 그 때까지 끊임없이 활을 쏘아 대던 초군은 일
어나더니 함성을 지르며 돌격하기 시작했다.

가까스로 견디고 있던 부개의 부대는 순식간에 달아나
기 시작했다.

「물러나지 말라! 맞싸워라!」

부개는 필사적으로 외쳤으나, 그러는 부개도 저도 모
르는 사이에 뒷걸음질치고 있었으니 어쩔 수 없었다. 눈
깜짝할 사이에 와르르 허물어졌다.

부개의 부대가 허물어지는 것을 보고, 두세 마장 뒤를

따르고 있던 오군의 각 부대는 일제히 북을 울리면서 진격하여 점점 속력을 빨리하여 돌격해 나갔다.

초군을 극도로 얕본 오군은 강을 건너야 하는 것을 귀찮아하여 거의 모든 전거를 강 저 편에 남겨 두고, 겨우 사오십량 밖에 갖고 건너지 않았는데, 그것조차도 진격이 급해지므로 훨씬 뒤떨어져 있었다.

모든 오군이 돌격해 들어가는 것을 보자, 부개의 부대를 추격하던 초군은 곧 추격을 멈추고 본대를 향해 철수하기 시작했다.

싸움에 익숙하고 예민한 사람이면, 대열이 흩어진 것처럼 보이면서도 어딘가에 침착한 통제가 있는 철수에 의심을 품어야 했겠지만, 몇 배나 되는 아군의 부대가 무시무시하게 돌격하는 데에 적이 두려움을 느껴 물러가는 것으로 생각해 버린 오군의 장군들은 전혀 알아차리지 못했다.

싸움은 다 이긴 것이라는 엉뚱한 자신과, 몇 분 뒤에는 적을 산산히 짓밟을 수 있다는 광분과 희열에 오로지 돌격의 북을 울리며 저마다 말을 몰았다.

초군이 달아나는 속도는 빠르지 않았다. 조금만 더하면 따라 잡을 것 같아 더욱 정신없이 쫓아가노라니, 초군의 본대에서 울리는 맑은 징소리가 들렸다. 오군의 진로 오른쪽으로 넓게 이어진 갈대 숲이 있는데 그 곳에서 느닷없이 쇠북소리가 울리며 요란한 함성과 함께 엄청난 부대가 일어나 큰 파도가 밀려오듯이 몰려왔다.

그와 동시에 전면의 초군 전차가 돌격에 나섰다. 얼어붙은 대지에 말발굽 소리와 수레바퀴 소리를 내며 산이 이동해 오는 것 같았다.

한순간 오군은 꼼짝도 못하고 서 있었으나, 곧 다음 순간에 흩어지기 시작했다. 겁에 질린 오군에게는 전면에 늘어선 전거의 무리가 천량으로 보였으며, 오른편의 초병은 구름 같은 대군으로 보였다. 흩어지고 갈라지고, 혼란에 혼란이 겹쳐 도망하기에 급급했다.

심윤술은 전거부대 맨 앞에 서서 왼손에 큰 칼을 잡고 오른손에 진홍빛 지휘 깃발을 잡고,

「이겼다! 늦추지 말라! 오왕을 베어라!」

하고 부르짖으며 합려를 찾아 전거를 쏜살같이 몰고 다니다가, 마침내 합려를 찾아냈다.

합려는 오자서를 비롯하여 몇몇 중신들과 말을 몰아 달리고 있었다. 조금이라도 빨리 강을 건너 달아나든지, 전거가 있는 곳까지 다다라, 쳐들어오는 적을 기다렸다가 공격해야 한다고 생각했다. 합려는 구슬과 보석으로 꾸민 투구를 쓰고 붉은 전포를 입고 있었다. 아침 햇살

을 받아 투구는 눈부시게 빛났으며 전포는 바람에 펄럭여 좋은 목표물이 되었다.

「비열한 놈! 어디까지 달아나느냐! 저 주옥으로 꾸민 것이 오왕이다! 놓치지 말라! 쏘아 잡아라!」

심윤술은 큰 소리로 외치면서 뒤쫓았다.

심윤술과 한 전거에 타고 있는 사수들은 말 할 나위도 없고, 다른 전거의 사수들도 외쳐대어 서로 알리면서 화살촉을 가지런히 하여 쏘기 시작했다. 화살은 날벌레 날아들 듯이 합려의 주위에 모였다.

합려는 투구를 벗어 던지고 달렸다.

심윤술이 또 소리쳤다.

「붉은 전포를 입은 자야말로 오왕이다! 놓치지 말라! 쏘아 잡아라!」

합려는 전포를 벗어 던지고 달렸다.

심윤술이 또 소리쳤다.

「투구도 없고 전포도 입지 않은 자야말로 오왕이다! 놓치지 말라!」

합려는 따르는 종자들은 모두 투구를 버리고 전포를 벗어 던지고 달렸다.

그래도 심윤술은 끈질기게 뒤쫓았다. 그러나, 곧 오른편쪽에서 매우 규칙바른 북소리가 들려왔으므로 놀라서 뒤돌아보았다. 대여섯 마장 저 편에서 일대의 부대가 북소리에 발걸음을 맞추어 엄숙하게 다가오는 것이 보였다. 서두르지 않고, 떠들지 않고, 정연하게 다가오는 그 부대는 겨우 삼사천 명이었으나, 얼핏 보기에 매우 자신이 있어 보였다.

(이상한데?)

심윤술이 의혹을 느꼈을 때, 초군의 등뒤에 갑자기 혼란이 일어났다. 먼 뒤쪽으로 돌아온 손무의 정예 기병대가 마침내 초군의 뒤쪽을 덮친 것이다.

골라 뽑은 정예 기병대다. 먼저 초군의 보병대를 헤치고 들어가, 종횡으로 달리고 부딪치며 마구 짓 밟고, 전거대로 돌격해 갔다. 갈팡질팡 주위를 이리저리 밀리는 자기편 보병들 때문에 움직일 수 없게 되어 쩔쩔매는 동안에, 오른편에서 접근하려던 보병들이 무시무시한 함성을 지르며 재빨리 돌진해 왔다.

이것을 보고 싸움터 구석구석에 몰려 꼼짝하지 못하고 있던 오군의 장군들은 기력을 되찾았다. 깃발을 세우고, 흩어진 병사들을 모아 사방으로부터 밀고 나왔다.

형세는 완전히 바뀌었다. 초군은 오군에게 포위되고 말았다.

어부(漁夫)의 아들

마침내 심윤술은 사방에서 몰려드는 오군의 공격 속에서 전사했다. 〈좌씨전〉에 의하면, 그는 젊었을 때, 오나라에 벼슬한 일이 있어 공자 시절에 합려와도 잘 알던 터였으므로 사로잡힐 것을 부끄러이 여겨 측근에게 말했다.

「나는 여기서 죽을 결심을 하지만 죽은 뒤에라도 오왕과 얼굴을 마주하고 싶지 않다. 누구라도 좋으니 내 목을 잘 숨겨 줄 사람 없겠는가?」

그러자, 오구비(吳句卑)라는 자가 앞으로 나왔다.

「소인이 맡겠습니다. 소인은 하찮은 비천한 신분입니다. 남의 눈에 띄지 않도록 맡아서 해낼 수 있겠습니다.」

「그 말이 맞다. 그대가 있음을 깜박 잊었었구나. 좋다. 그렇다면, 결정적인 때라고 여겨질 때 부탁한다.」

심윤술은 이렇게 말하고, 세 번이나 더 장렬하게 싸워, 그때마다 부상당했다. 더 이상 싸울 수 없게 되자 심윤술은 구비를 돌아보고 말했다.

「이제는 어쩔 수 없다.」

구비는 자신의 웃옷을 벗어 땅에 깔고 윤술을 전거에서 안아 내려 앉혔다. 목을 쳐서, 그 옷으로 목을 싸고 몸체를 감춘 다음, 목을 안고 어디론지 사라져 버렸다.

심윤술의 최후는 어느 장수 못지 않은 훌륭한 것이었다.

이리하여, 오군은 한때 위태로왔으나, 손무의 힘으로 또다시 크게 이겼다. 손무의 위명은 더욱 높아졌다.

「손장군이 없었다면 나는 어지러이 날아드는 화살 앞에 꼼짝없이 목숨을 잃었을 것이고, 오군 3만은 몰살되었을 거요. 장군의 병법은 참으로 신묘하오.」

합려가 이렇게 격찬하여, 손무는 크게 체면을 세웠다.

손무의 의도는 단순히 자기의 권위를 회복하는 것만이 아니었다. 마지막 목적은 군율을 바로잡는 데에 있었다.

그는 어느 날 밤, 오자서의 숙사로 찾아가 사람들을 멀리하고.

「소장이 이제부터 드리는 말은 경께서 참고로 하시기를 바라는 뜻입니다. 그러니, 경의 가슴에 넣어 두시고, 다른 사람에게 발설하지 말아 주시오.」

이렇게 미리 말하고, 백거의 전투에서 부개가 군령을 무시하고 싸워 이긴 뒤로, 군율이 몹시 어지럽혀져서, 바로잡지 않으면 반드시 큰 액난이 일어날 것이라고 말했다.

자서는 고개를 끄덕였다.

「나도 그 일을 걱정하고 있습니다. 그 중에서도 특히, 부개 공자의 교만함은 차마 볼 수 없습니다. 그러나, 이번 일은 아주 좋은 약이 되었습니다. 공자도 얼마쯤은 높은 콧대가 꺾였을 것입니다. 될 수만 있다면 이번의 실패를 명목으로 삼아 공자를 처벌하여 그 마음까지도 꺾고 싶지만, 그 전법은 장군께서도 아시는 바와 같이, 전날 밤에 어전회의에서 결정된 것입니다. 말하자면, 그 회의에 참석한 전원의 책임이므로 공자 한 사람에게만 책임을 지울 수는 없는 일입니다. 기회를 기다릴 수밖에 없습니다. 멀지 않아 기회가 틀림없이 올 것입니다.」

자서는 부개 한 사람만을 문제삼는 모양이었다. 부개는 군율을 무시한 동기를 만들었음에는 틀림없지만, 손무의 걱정은 부개 한 사람에만 있는 것이 아니었다. 군율이 풀어진 데에 있다. 그래서 말했다.

「부개 공자의 일은 참으로 곤란한 것이기는 하지만, 소장이 걱정하는 당면 문제는 모든 군의 군율이 풀어진 점에 있습니다.」

「마찬가지입니다. 모든 악의 근원은 부개 공자에게 있습니다. 그 사람만 처단하면 모든 일이 잘 됩니다.」

단호한 말이었다. 반박할 여지를 주지 않았다. 이런 때의 버릇대로 손무는 눈을 깜박거리고 있을 따름이었다.

자서는 계속해서 말했다.

「상대는 지체가 높고 세력 또한 큽니다. 지금 당장 그렇게 할 수는 없습니다. 때를 기다려야만 합니다. 분한 일이지만 도리 없지요. 나는 그 때를 앞당기는 방책을 쓰려 합니다. 장군의 병서에 〈흐트러서 이를 취한다〉고 했고, 〈낮추어 이를 교만하게 한다〉고 했던 것으로 기억하는데, 바로 그것을 쓰려고 생각합니다. 더욱더 그를 교만하게 만들면 반드시 인심이 그에게서 떠날 것이며, 왕께서도 더 이상 참을 수 없게 되실 것입니다. 지금 무리하게 공연한 짓을 하여 누르는 것보다, 더욱더 조장시키는 편이 때를 더 빨리 오게 할 것입니다. 어떻습니까?」

틀림없이 그럴 것이다. 부개를 단호히 처단하려면 그렇게 할 수밖에 없다. 부개가 처단되면 전군이 두려워하

여 군율은 크게 바로잡힐 것이다. 그러나, 군율이 풀어
진 것은 부개에게만 원인이 있는 것이 아니다. 합려를
포함한 모든 장수들이 편안히 놀며 즐기고 싶어하는 태
도에 있다. 이것이 바로 잡아지지 않는 한 전군에게 퍼
져 있는 퇴폐풍조는 말끔히 없어지지 않는다.

그러나, 그것은 합려를 비난하는 것이며 자서까지도
비난하는 것이 된다.

「지당하신 말씀이오. 그렇게 할 수밖에 없겠지요.」

이렇게 짧게 말했다. 또한, 지금 이대로 라면 뒷날 오나
라의 큰 우환이 되는 것은 부개 공자라고까지 단언하고
싶었지만, 그 말도 하지 않았다. 그렇게 굳게 믿었지만,
너무 격렬한 말을 하는 것은 화근이 된다고 여겼다.

바람은 자고 별빛이 밝은 몹시 추운 밤이었다. 얼어붙
은 땅에 따가닥따가닥 말굽소리를 내며 돌아가는 가슴
속에 오가는 것은 언제나 하는 이런 생각들이었다.

(나는 세상에 나와 실제 일을 할 사람이 못 된다. 될 수
있는대로 빨리 물러나야 한다. 그러나, 절대로 남의 눈
에 띄어서는 안 된다. 아무렇지도 않게, 가장 자연스럽
게 보이는 모양으로 물러나고 싶다. 어떻게 하면 그 기
회를 만들 수 있는가…….)

한편, 초나라의 소왕(昭王)은…….

소왕 일행은 운몽택(雲夢澤) 물위에, 또는 기슭의 갈대 숲 속에 배를 매어 놓고, 엄한 오군의 탐색을 피하여 숨어 있었는데, 그 사이에도 때때로 가신들이 은밀하게 상황을 전해 왔으므로 여러 가지로 정보는 들어왔다.

심윤술이 군사를 이끌고 달려오고 있음을 알았고 크게 기뻐하며 희망을 걸고 있었다. 그러나, 보람도 없이 옹서 싸움에서 허무하게 패하고, 심윤술은 전사했다는 것이다. 사람들의 실망과 비탄은 끝이 없었다.

오군의 탐색은 더 한층 심해졌다.

너무나 비참하여서 도저히 견딜 수 없었던 소왕의 여동생 비아는,

「이렇게 숨어 있어도 언젠가는 찾아낼 거예요. 어차피 그렇게 될 거라면 뭍에 올라가 있어요. 물위에 배를 띄워 놓고 사는 것은 이제 지긋지긋해요. 비록 하루라도 좋으니, 언제나 둥실둥실 움직이는 불안한 곳이 아니라, 움직이지 않는 단단한 땅에서 살고 싶어요.」

하고 고집을 부렸다. 마침내 배를 갈대 사이에 매놓고 상륙하여 가까운 어촌에 들어가 저마다 나뉘어 집을 얻었다.

가난한 민가였다. 좁기도 했지만 더럽기도 했다. 비아는,

「여기서 사흘만 지낼 수 있으면 죽어도 한이 없겠어요.」
라고까지 말하며 기뻐했다. 바로 그 사흘째 되는 날 밤,
도적들이 들이닥쳤다.

이 이야기는 〈좌씨전〉과 〈오월춘추〉에 있는데, 이 도
적들이 전문적인 도적떼였는지, 어민들이 도적이 된 것
인지, 두 책에 모두 씌어 있지 않다. 또한, 이 도적들이
왕의 일행임을 알고 있었는지 어떤지도 분명하게 씌어
있지 않다. 그러나, 이 두 책을 읽어본 뒤의 느낌으로는,
재물이나 보화를 목적으로 한 것이 아니라, 왕의 일행임
을 알고 오나라의 포상을 받을 생각으로 왕의 목을 노린
일로 추측된다. 오나라는 상을 내걸고 소왕의 목을 구했
을 것이다.

도적들은 소리없이 마을로 몰래 기어들어와 느닷없이
왕이 묵고 있는 집으로 쳐들어가, 자고 있는 왕을 습격하
여 창을 들어 찌르려 했다.

〈좌씨전〉에서는 대부 윤고가 왕의 침실을 지켜 방 구
석에서 자고 있었는데, 놀라 잠을 깨어 왕의 몸 위에 몸
으로 덮었다. 날카로운 창은 소리를 내며 윤고의 어깨를
찔렀다.

윤고는 정신을 잃었다.

소왕은, 윤고가 몸을 던져 방패가 되었기 때문에 간신

히 살아나 재빨리 밖으로 뛰쳐나갔다. 그리고, 여동생과
더불어 달아났다. 따르는 사람은 종건뿐이었다. 종건이
비아를 업고 북으로 북으로 달아났다.

기절한 윤고는 오래지 않아 소생했다. 다행히 상처는
깊지 않았다. 왕의 뒤를 쫓았다. 그 밖에도 하나 둘 뒤
따라오는 자가 있어 상당한 수에 이르렀다.

소왕이 생각한 것은 운(鄖)나라였다. 운나라의 왕은 투
(鬪)씨였다. 본디 투씨는 초나라 왕족에게 신(臣)이 된
집안으로 투성연(鬪成然)의 대에는 굉장한 세력이 되어,
마침내 권세를 자랑하여 멋대로 횡포를 부렸으므로, 평
왕은 성연을 잡아 죽였다. 그러나, 투씨 대대로 세워온
공을 생각하여 성연의 아들 신에게 운나라를 주어 영주
로 삼고, 집안의 대를 이어가게 한 것이다. 운나라는 운
몽택 조금 북쪽에 있었다.

운나라 주인 신은 소왕이 자기에게 의지하러 왔으므
로, 크게 영광으로 알고 후히 보호하고, 여러 나라의 원
조를 빌어 오나라 군을 물리치고 소왕을 도읍으로 돌아
가게 할 계획이었다. 그러나, 신의 아우 회(懷)는 형과
생각이 달랐다.

「우리의 부군께서 초나라의 선왕(先王)손에 살해된 지
꼭 20년이 됩니다. 지금의 왕이 갈 곳 없어 여기에 왔다

는 것, 또한 인연일 것입니다. 부군께선 지금의 왕의 아버지 평왕의 손에 살해되었습니다. 부군의 아들들인 우리가 평왕의 아들인 소왕을 죽여야 마땅하지 않겠습니까? 나는 이것을 틀림없이 아버님의 인도하심이라 생각합니다.」

이렇게 형을 설득했다. 꿋꿋한 의기로 단단히 결심한 눈치였다.

신은 놀라고 노하여 야단쳤다.

「주군께서 그 신하를 죽였다 하여 그것을 원수로 삼는 법은 없다. 주군의 명은 하늘의 명과도 같기 때문이다. 부군께선 천명으로 돌아가셨다. 조금도 원수로 여겨서는 안 된다. 옛시에 있지 않느냐. 〈유(柔)하다고 탐하여 먹지 말며, 경(硬)하다고 뱉지 말라. 돕는 사람 없고 의지할 곳 없다하여 얕보지 말라. 강하다 하여 두려워 피하지 말라〉고. 이 다정함과 이 강함이 있음으로서 인자(仁者)라는 말을 듣는 것이다. 지금 초나라 소왕은 나라가 패하고 사람이 흩어져 가장 가엾은 몸이다. 어찌 참혹한 짓을 할 수 있겠는가? 초나라의 왕가는 우리 집안의 본가다. 그 후사를 끊으려느냐? 어찌 무도한 일을 하려느냐! 그 마음을 버리지 않는다면 나는 너를 죽이리라!」

회는 입을 다물었으나, 퉁명스러운 그 얼굴은 단념한

얼굴이 아니었다. 신은 변사가 일어날 것을 두려워하여 막내 동생 소(巢)와 함께 소왕을 수(隨)나라로 달아나게 했다.

수나라의 운은 북쪽, 조금 동쪽으로 치우친 언저리에 있었다. 작은 나라이지만 주(周)천자와 같은 성으로 후작이 다스리는 곳으로 격식이 높다.

수나라의 공실(公室)에서는 초나라 소왕을 받아들였으나, 곧 오군이 이를 알고, 합려가 손수 군사를 이끌고 밀고와 수의 도성 남쪽 변두리에 진을 치고, 사자를 수나라 후에게 보냈다.

「주의 왕실과 동성인 사람으로 한수가에 나라를 세웠던 자가 수없이 많았으나 모두 초나라에 멸망하고 말았습니다. 주에 무슨 죄가 있어 이렇듯 초에 멸망을 당해야 했겠습니까? 주에 죄가 없다는 것은 천하가 다 아는 바입니다. 오로지 초의 싫증날 줄 모르는 탐욕 때문입니다. 지금 소왕이 우리 오군에 패하여 궁한 나머지 귀국으로 달아났음은 하늘이 주를 위해 오에 힘을 빌어 주어 초를 벌하려는 것으로 해석할 수 있지 않겠습니까? 바라건대, 수에서도 초의 포악한 짓으로 무고하게 멸망한 동성 나라들의 오래도록 끊임없는 원한을 생각하시고, 나아가서는 우리 오나라의 처지를 동정하시어 하늘이 하시는 일에 협력하여 주십시오. 수의 협력으로 죄 많은 초를 없앨 수 있다면, 한수로부터 북쪽 땅은 모두 다 수후께 드릴 것입니다.」

사자는 수나라 도성에 자리잡고 앉아서, 대답을 듣기 전에는 돌아가지 않겠다고 버티었다.

초나라 소왕은 도성에 있을 수 없어 도성 북쪽 변두리의 들에 나가 있었는데, 수가 곤경에 빠져 있음을 보고 신하들이 서로 의논하여 이렇게 정했다.

「왕의 서형(庶兄)인 자기(子期)의 용모가 왕을 닮았으니, 왕 대신에 오나라에 내어 주도록 하자. 오는 소왕을 잡은 줄 알고 마음을 놓을 테니, 그 틈에 안전한 곳으로 달아나도록 하자.」

의논이 모아졌으므로 수후에게 이같이 말했다.

수후가 이 일에 대해 거북점을 쳐보았더니 점괘가 불길하다고 나왔다.

수후는 자세를 바로하고 중신에게 명하여 합려의 사자에게 이렇게 대답하게 했다.

「우리 수는 보잘것없는 작은 나라로 초에 가까우나, 초는 다른 나라는 모르지만 우리 수에 대해서는 조약을 중히 여겨 대대로 편안하게 지켜 주었습니다. 초가 오늘날의 위난에 빠졌다 하여 조약을 깨고 이를 못 본 체 한다면, 저의 주인은 당신의 주군께 대해서는 말할 것도 없고 천하 사람들을 무슨 얼굴로 대하겠습니까? 우리들은 주인을 보좌하여 일을 처리하는 자로서 한 쪽에만 좋도록 처리할 수 없습니다. 어느 쪽이나 다 좋도록 처리할 것입니다. 이를테면, 만일 당신의 주군께서 새로 초나라를 판도로 삼으시더라도 인애(仁愛)로서 이를 다스리신다면, 우리 수는 옛 초나라에 대했던 것과 마찬가지로 가장 충실하게 명령을 받들 것입니다.」

오의 사신은 이 대답을 가지고 돌아가 합려에게 보고했다.

수후의 이 대답은 참으로 훌륭했다. 도의적이면서도 약소국으로서의 입장을 잊지 않고 매우 부드럽다. 이런 때의 대답으로서 가장 뛰어난 것이리라. 그러나, 아무리 그렇더라도 후세에서는 효력이 없을 것 같다. 현대와 같은 정의니, 인도니 하는 것을 시끄럽도록 말하는 시대라도 이따금 무섭게 자기 뜻을 억지로 관철시키려는 나라가 있어, 조약 따위는 태연하게 일방적으로 깨는 사례가 있기 때문이다.

그러나, 이 때에는 효력이 있었다.

합려는 감탄하여 군사를 이끌고 초의 도성으로 돌아갔다. 사람의 마음에 착함과 아름다움에 감동하는 여유가 있었던 시대였다.

이 때의 일로 〈오월춘추〉에 이런 이야기가 실려 있다.

오자서는 옛날에 그가 태자 건과 정나라에 있었을 때, 정나라가 건을 죽이고 자서를 잡으려고 괴롭힌 원한을 풀려고 병사를 이끌고 정나라로 향했다.

그 때의 정후는 헌공이었는데, 무서워 떨면서 나라 안에 널리 알렸다.

「오군을 무찌를 계책을 가진 자가 있으면 말하라. 그 계책을 써서 성공한다면 나라의 절반을 주리라.」

나라를 절반 주겠다는 것은 참으로 민화적이지만, 옛날 전설로서 이해하기 바란다. 아무튼, 기원전 500년 이상의 옛 일이다. 민화적인 이야기가 생겨나는 것도 할 수 없는 일이다.

그러자, 한 젊은 어부가 관아로 와서 말했다.

「소인에게 맡겨 주시면 보기 좋게 오군을 쫓아 보내겠습니다.」

헌공이 그 계책을 물었다.

「소인에게는 병사는 한 사람도 필요하지 않습니다. 그러니까, 군량은 단 한되도 없어도 됩니다. 노가 하나 있으면 됩니다. 소인이 노를 어깨에 메고 가서 노래를 부르면 적들은 그 자리에서 돌아갈 것입니다.」

젊은 어부는 이렇게 말했다.

여러 가지로 문답이 있었겠지만, 헌공은 그 제안을 허락하여 노를 내주었다. 본디 어부인 사나이에게 노를 내주었다는 데에 더욱 민화적인 색채가 짙다.

어부는 노를 메고, 오군이 올 길로 걸어갔다. 오래지 않아 오군이 왔다. 어부는 행군하는 오군과 합께 걸으면서 노를 두드리며 노래를 불렀다.

게야, 게야
어디에 있느냐?
갈대 속에서 웅크리고
눈동자만 빙글빙글
돌리는 것은
배가 고파서가 아니냐?
나오너라, 나와
먹이를 가져왔다.

첫 번째에는 아무 반응이 없었으나, 두 번째에는 자서가 귀기울여 노래를 듣더니, 깜짝 놀라 군사들의 행군을 멈추게 하고, 어부를 찾아 데려오라고 했다.

「너는 대체 누구냐?」

「소인은 늙은 어부의 아들입니다. 정나라 나랏님께서 오나라의 군사들이 쳐들어온다고 아주 무서워하더군요. 그래서, 만일 오나라의 군사들을 도중에 돌아가게 해 주는 자가 있으면 나라의 절반을 주겠답니다. 소인은, 당신께서 소인의 벗이라는 생각이 언뜻 나기에, 나랏님께 소인이 할 수 있습니다고 말씀드리고, 이렇게 왔습니다. 소인은 나라 같은 건 받아 봐야 소용이 없으니, 조금도 갖고 싶지 않습니다. 그러나, 나랏님과 정나라 사람들이 가엾어서 온 것입니다. 아버님 생각을 해 주실 수 없겠습니까?」

이 말을 들은 자서는 깊이 감탄하여,

「나는 그대 아버지의 은혜가 있었으므로 오늘과 같은 신분이 될 수 있었다. 창창한 하늘이 굽어보고 계신다. 어떻게 잊을 수 있겠는가!」

라고 말하고, 곧 초나라 도성으로 되돌아갔다고 한다. 물론 실제로 있었던 일은 아닐 것이다. 자서가 정나라에서 오나라로 달아나는 도중 늙은 어부의 도움으로 살아났다는 역사 이야기가 있으므로, 그와 연결지어 일반 민중 사이에 자연발생적으로 만들어진 이야기일 것이다.

무의시(無衣詩)

합려가 수나라에서 물러 나와 초나라 도성 영으로 돌아가자, 소왕은 수나라에서 초나라로 돌아왔으나, 오군의 탐색이 너무 엄하여 한 곳에 자리잡고 있을 수 없었다. 풀이 무성한 구석진 시골을 여기저기 옮겨다녔다.

그러나, 이런 상태로는 초나라 백성들이 희망을 잃어버리므로, 소왕의 서제(庶弟)자서를 소왕이라고 칭하게 하여 비설(脾洩)에 행재소를 설치하고, 또 유우(由于)에게 명하여 균(麇)에 성벽을 쌓게 했다. 비설이 어디쯤에 있었는지 중국의 역사가들도 알지 못하지만, 균은 알고 있다.

호남성 악양현(岳陽縣) 동남쪽으로 2백 리 떨어진 곳

에 있다고 한다. 아마 비설도 그 근방으로 추측된다. 그렇다면, 오군이 점령하여 주둔하고 있는 영과는 운몽택을 사이에 둔 땅이므로 비교적 안전했을 것이다.

해가 바뀌어 3월 중순, 진(秦)나라의 도성 옹성(雍城)은 지금의 섬서성 봉상현(陝西省鳳翔縣)남쪽이었다니까 서안(西安)에서 황하의 지류인 위수를 따라 150킬로미터쯤 거슬러 올라간 언저리에 있었다.

터벅터벅 성문을 들어온 한 나그네를 보고 문지기가 고개를 갸우뚱했다.

도성의 문이니까 날마다 여러 부류의 사람이 드나든다. 다른 나라에서 온 사자, 떠돌이 상인, 자기가 손수 만든 것을 팔러 오는 성 부근의 농부나 장인(匠人), 근처에 볼일이 있어 나가는 도성 주민, 걸인 등등 별별 사람이 다 드나든다.

그러나, 그 사람들은 빈부귀천에 따라 저마다 조화가 잡힌 느낌이다. 가난하면 가난한대로, 천하면 천한대로 조화를 이룬다. 그러나, 이 나그네는 그 점이 전혀 갖추어지지 못했다. 몸에 걸친 것은 비싼 비단옷이지만, 때묻고 먼지투성인데다가 군데군데 해지기도 했다. 얼굴 생김새며 몸매는 상류계급 사람 특유의 늘씬한 우아함을 지녔으면서도 여위고 때묻어 있다. 찢어지고 터져서 짧아진 옷자락 아래로 보이는, 여위어 앙상한 정강이는 상처입어 딱지와 피가 달라붙었으며, 붙들어 맨 짚신의 무게에도 견딜 수 없는 것 같은 걸음걸이로, 지팡이에 의지하여 비틀비틀 걸어갔다.

문지기는 한참 동안 나그네의 뒷모습을 바라보다가, 종종 걸음으로 뒤쫓아가 말을 걸었다.

「여보시오.」

그러자, 나그네가 뒤돌아 보았다.

「나 말이오?」

「나는 문을 지키는 관리인데, 당신은 어디서 오시는 분인지요? 직권으로 묻는 것이오.」

나그네는 지팡이를 단단히 짚고 잠깐 생각하는 모양이더니 말했다.

「직권으로 묻는다는 데야 대답하지 않을 수 없겠구료. 나는 초왕을 섬기는 신포서라는 사람이오. 초나라의 중대한 일로, 이 나라의 대왕께 부탁드리고 싶은 일이 있어 찾아왔소. 물어 본 것도 어떤 인연인즉, 마땅한 곳으로 안내해 주기 바라오.」

문지기는 놀랐으나, 초나라와 오나라 사이에 싸움이 벌어져 초나라가 국난에 처했음을 소문으로 들었다. 나그네는 패전하여 가까스로 빠져 나왔으리라고 추측했다. 재빨리 외교를 맡아보는 곳으로 데리고 갔다.

영에서 그리 멀지 않은 산 속에 숨어서 싸움의 형세를 살피던 신포서는, 심윤술의 군사도 패하고, 곧 소왕이 수나라로 달아나 수후 덕분으로 간신히 위난을 벗어나 여기저기 거처를 바꾸며 숨어다닌다는 말을 듣자 산에서 나와 가까스로 대왕이 있는 곳을 찾아내어,

「대왕의 모군께서 진나라에 시집 오신 분이십니다. 대왕께서 겪으시는 이 위난을 반드시 걱정하실 것입니다. 소신이 찾아 뵙고, 도와주시기를 빌고 오겠습니다. 허락하여 주십시오.」

하고 울며 간청했다.

나라간의 이해 관계는 그렇게 쉬운 것이 아니다. 나라에서 시집 보낸 공주의 소생이라 할지라도 이미 남의 나라의 주군이 되어 있는 자의 일 따위는 걱정하고 있을 수 없다는 것은 소왕도 잘 알고 있었으나 이 상황에서는 달리 방법이 없었다. 물에 빠져 죽게 된 사람으로서는 지푸라기라도 잡을 수밖에 없었다.

「가 보오.」

이렇게 허락했지만, 사자에 어울릴 수레며 따라갈 종자를 줄수도 없었다. 신포서는 소왕의 심부름으로 가는 사람임을 증명하는 부절(符節)만 받아 혼자 떠난 것이었다.

초나라 도성에서 옹성까지는 800킬로미터나 된다. 여월대로 여위어 도착한 것은 그 때문이었다.

〈오월춘추〉에는 이렇게 적혀 있다.

〈밤낮으로 달리고 또 달려, 다리는 붓고 발바닥은 터지고, 찢어진 옷자락으로 학다리처럼 여윈 무릎을 싸다.〉

외교를 맡은 대부(大夫)를 만나자, 신포서는 초왕의 특사임을 말하고 부절을 내보였다.

「이런 꼴로 찾아뵈어 몹시 의심쩍게 여기실 일로 생각되지만, 지금의 초나라 형편으로선 어쩔 수 없는 일이니 용서하십시오.」

하고 사과하고, 자기가 띠고 온 사명을 말했다.

「새삼 말씀드릴 여지가 없다는 것은 잘 압니다만, 오나라의 요즈음 상황은 탐욕스러운 큰 돼지나 큰 뱀이 둔갑을 했는가, 하고 의심될 뿐으로, 천하의 먼 앞날 일을 생각하는 사람들의 깊은 근심이 되어 있었는데, 마침내 중원 땅에 창끝을 들이대고 먼저, 우리 초나라를 물어뜯으러 덤볐습니다. 우리 나라는 힘닿는 데까지 싸움을 막으려 애썼지만, 천행을 얻지 못하고, 도읍 영은 함락되고 주군은 도성을 떠나, 지금은 시골구석을 여기저기 옮겨가며 겨우 이슬 같은 목숨을 잇고 있는 상태이므로, 소신을 사자로 이 나라에 보내게 된 것입니다. 주군은

귀국 대왕께 이렇게 말씀드리라고 하셨습니다. 〈오나라
는 주나라와 동성 집안이나, 본디 국토가 야만국 이어서
나라 사람들이 야만 오랑캐이기 때문에 야만 오랑캐와
다름없이 되어 버렸습니다. 그래서, 야만인의 통성인 탐
욕스럽고 비정한 나라가 되어 있습니다. 그들은 싫증낼
줄 모릅니다. 그러므로, 초나라가 오나라에 점령당해 버
리면 그 야심은 당연히 경계를 맞대고 있는 이 나라로
향할 것은 분명합니다. 반드시 이 나라의 환란이 될 것
입니다. 귀국을 위해 걱정하지 않을 수 없습니다. 그리
고, 초나라는 오나라에 졌지만, 온 영토를 오나라에 내
주고 싶지는 않습니다. 오의 것이 될 바에는 인척 어버
이이신 대왕께 바치고 싶습니다. 바라건대 대왕이시어,
오나라가 초나라의 전토를 정복해 버리기 전에 군사를
내보내어 베어 버리시기를 권합니다. 기꺼이 대왕의 백
성이 되겠습니다. 만일 대왕께서 오나라를 물리치신 다
음, 크게 어지신 마음으로 초나라를 살아 있게 해주신다
면, 초나라는 세세생생(世世生生)토록 대왕의 신국(臣
國)이 되어, 섬기기를 결코 변하지 않을 것을 맹세합니
다.〉이상이 주군께서 하신 말씀입니다. 대왕께 전해 주
시어, 대왕께서 가엾게 여기시도록 주선해 주시기를 바
랍니다.」

당시의 진왕은 애공(哀公)이었다. 대부의 보고를 듣더니, 물었다.

「오나라는 여러 해 국력을 길러왔으므로 나라는 부해졌으며 병력은 강하다고 들었소. 이와 같은 강국과 싸우기 위해 험한 산과 내를 넘어 천리 밖에 군사를 보내는 일은 큰 모험이오. 현명한 자는 하지 않는 일이오. 어찌 생각하오?」

「지당하신 말씀입니다. 이해를 타산하건대 한푼의 이익도 없는 줄로 압니다. 더구나, 초나라 왕은 아직 살아 있다고는 하지만 나라는 이미 멸망하였습니다. 죽은 자를 되살아나게 하는 일은 어떠한 명의도 할 수 없는 일입니다.」

대부는 이렇게 대답했다.

애공은 단단히 다짐했다.

「좋소, 결정했소. 그러나, 그렇게 대놓고 말할 수도 없는 일. 그렇군, 이렇게 말하오. 〈말씀은 대왕께 전했은즉 사자께선 잠깐 여관에서 쉬십시오. 멀지 않아 잘 생각하신 다음 대답하실 것이라고 말씀하셨습니다.〉라고. 우선 그렇게 해 놓고, 이삼 일지나 부드럽게 거절하여 돌려보냅시다.」

「잘 알겠습니다.」

대부는 물러나와 신포서를 기다리게 한 곳으로 와서 애공의 말을 전했다. 그 말을 듣더니 신포서는 소리 높여 울음을 터뜨렸다.

「소인의 주군께선 시골 구석 풀숲 속을 여기저기 피해 다니시며 몸둘 곳도 없습니다. 신으로서 소인 혼자 어찌 접대를 받아 편안히 쉴 수 있겠습니까?」

라고 말하며 물러나지 않았다. 〈좌씨전〉과 〈오월춘추〉에 의하면 신포서는 선 채로 관아 벽에 매달려 마실 것 한 잔도 입에 대지 않았고, 이레 낮과 밤을 울음소리가 끊이지 않았다 한다.

애공도 감동했다.

「초나라에 이렇듯 충신이 있다. 우리 진나라에는 이만한 신하가 있겠는가? 부러운 일이다. 이런 신하가 있는 이상 초나라는 아직 멸망했다고 할 수 없다. 결코 방관할 수 없다.」

이렇게 감탄하고, 신포서를 불러들여 자리를 권하고 옛 시를 읊었다.

밤이 춥고나.
싸움 일어났는데,
전포 없거든

함께 나누어 입고
창 높이 들고,
자아, 함께 가리라.

하늘이 춥구나.
싸움 일어났는데,
웃옷 없거든
번갈아 나누어 입고
언월도 비껴들고,
자아, 함께 가리라.

바람이 세차구나.
싸움 일어났는데,
바지 없거든
번갈아 나누어 입고
긴칼 갈아 들고,
자아, 함께 가리라.

　신포서는 울며 기뻐하며 한 구절이 끝날 때마다 이마
를 땅에 조아리고 배례하기를 세 번 모두 아홉 번이나
절했다고 〈좌씨전〉에 기록되어 있다.

이 시는 〈시경(詩經)〉, 진풍(秦風)에 〈무의(無衣)〉라
는 제목으로 기록되어 있다.

이 시대에는 여러 가지 경우에 옛 시를 읊음으로서 자
신의 뜻을 나타내는 것이 지체 있는 사람들의 마음가짐
이 되어 있었으므로, 그렇게 할 수 없는 사람은 교양없
는 자로 경멸받았다. 이 이야기 훨씬 전에 경봉(慶封)이
라는 사람이 있었다. 제나라의 권신으로 나라에서 쫓겨
나 오나라로 달아나 있는 동안에 초나라 때문에 멸망한
사람이다. 평판이 좋지 않고 엉터리 같은 사람인데, 이
사람이 아직 제나라에 있을 때, 노나라에 사신으로 가서
대접받는 자리에서 너무나 무례하고 버릇없이 굴었으므
로, 노나라 재상인 숙손(叔孫)이 〈상서(相鼠)〉라는 시를
읊었다.

쥐란 녀석 자세히 보니
가죽 입고 뻐기고 있구나.
그런데 사람임에도
도무지 위엄이 없는 자 있도다.
사람이면서 그렇다면
죽어 버림이 좋겠도다.

쥐란 녀석 자세히 보니
이빨이 가지런히 곱구나.
그런데 사람임에도
몸놀림이 흐트러진 자 있도다.
사람이면서 그렇다면
죽기를 기다림이 좋겠도다.

쥐란 녀석 자세히 보니
버젓하게 온몸이 갖춰졌구나.
그런데 사람임에도
도무지 예의가 없는 자 있도다.
사람이면서 그렇다면
어서 빨리 죽음이 좋겠도다.

　이렇게 풍자했는데도 경봉은 전혀 깨닫지 못했다고 〈좌씨전〉은 욕하고 있다. 이 시는 지금의 〈시경〉에서는 용풍(鄘風)에 들어 있다. 가장 알기 쉬운 이 시를 알지 못했다는 것은 참으로 이상하게 여겨지는데, 〈또한 알지 못했다〉고 되어 있다. 이것은, 〈이렇게까지 해도 모르더라〉라는 기분이 나타나 있는 글이다. 아마 취하기라도 했던 모양이다. 시가 육예(六藝)에 들어있어 선비나 군

자가 몸에 익혀야만 하는 교양이었고, 공자(孔子)가 이
를 매우 중요시하여 제자들에게 가르치고 있는 것도, 그
무렵 이었기 때문이다. 이 풍습은 오늘날에도 태국의 산
간 지방에 거주하고 있는 부족에게는 남아서 행해지고
있다.

　애공은 공자 자포(子浦)와 자호(子虎)를 장(將)으로 삼
고 전거 5백 승(乘)을 주어 초나라로 보내기로 했다. 전
거1승에 갑사(甲士)3명, 거사(車士)25명, 보졸(步卒)72
명, 모두 백명이 달리게 된다는 것은 훨씬 전에 설명했
다. 진나라는 실로 5만의 대군을 내보내기로 한 것이다.
　진군이 옹성을 떠난 것은 4월 중순이었다. 5백 승의 전
거는 3만 6천의 보병을 앞세우고 위수를 따라 나있는 길
을 동쪽으로 내려갔다.
　진나라가 초나라를 돕기 위해 대군을 보낸다는 소식이
영에 전해졌다.
　오군은 긴장해서 기다렸는데, 마침 그 때 오나라 도성
에서 급한 소식이 왔다. 월왕 윤상이 갑자기 군사를 일
으켜 오나라로 쳐들어 왔다는 것이다. 말할 나위도 없이
이것은 얼마 전 월나라가, 출병하라는 명령에 응하지
않았다는 명목으로, 오나라가 월나라를 쳐서 취리를 빼

앗아 절강(浙江)까지의 땅을 오나라 영토로 넣어 버린 것에 대한 보복이었다. 월나라는 오나라 땅을 무참히 짓밟고 돌아갔는데, 오나라 백성들은 언제 또 습격해 올지 모르므로 전전긍긍하고 있다는 것이다.

합려는 이를 갈며 격분했지만, 진나라 병사가 접근해 오고 있으므로 꼼짝도 할 수 없다.

손무는 오자서와 은밀히 의논하여, 부개를 귀국시켜서 월나라에 대비하라고 합려에게 말했다. 손무와 오자서의 참다운 목적은 월나라를 막게 하려는 데에 있지 않았다. 옹성의 싸움에서 실패했음에도 부개의 교만함은 조금도 꺾이지 않고 더해질 뿐이었다. 그 기세는 반드시 장래에 스스로 뜻을 일으켜 모반하여 오나라의 큰 환란이 될 것이 틀림없다고 여겨졌다. 어차피 그렇게 되는 것이라면 빨리 일으키게 하는 편이 좋다. 뿌리를 뻗는 것도 깊지 못할 것이고, 세력을 넓히는 것도 크지 않을 것이었다. 쳐부수기가 쉽다. 지금 부개를 돌려보내면 틀림없이 모반할 것으로 본 것이다.

합려는 두 사람의 의견을 거기까지 깊이 알아내지는 못했지만, 부개를 본국으로 돌아가게 하는 것은 위험하다고 보기는 했다.

그러나, 그렇게는 말하지 않고, 이렇게 말했다.

「월나라의 일은 두려워할 것이 못 되오. 고작해야 약탈하는 정도밖에 할 수 없는 야만족들이오. 지금은 다만 진나라의 원군을 쳐부술 일만 생각해야 하오. 이것만 격파하면 초나라의 숨은 완전히 멎을 것이오. 그런 다음에 군사를 돌려 월나라를 치면 되오. 생각하건데, 군사가 향한다는 말만 들어도 월군은 흙더미 무너지듯 할 것이오. 나는 이 중요한 싸움을 앞에 놓고 단 한 사람의 병사라도 다른 곳으로 갈라 놓고 싶지 않소.」

두 사람은 강력하게 주장할 수 없었다. 강력히 주장하려면, 부개가 장차 반드시 모반할 것이므로 빨리 일으키게 하여 빨리 베어 버리는 편이 좋다고 설득할 수밖에 없는데, 부개의 반역심은 아직 구체적으로 나타나지는 않고 있었다. 부개는 합려의 친 동생이기도 하다. 거기까지는 말할 수 없었다.

6월로 접어들어, 진군은 신포서의 안내로 초나라 국경에 들어섰다. 이 소식을 듣자 이제까지 숨어 있던 초나라의 패장들은 저마다 먼저 일어나 병사들을 모아 앞을 다투어 달려왔다. 마치 풀숲에서 메뚜기가 솟구쳐 오르는 것 같았다. 그 수는 수만 명에 이르렀다.

진나라의 장군 자포와 자호는 초나라 장군들에게 이렇게 요구했다

「귀장들은 이제까지 자주 오군과 싸워 오군의 전법을 잘 아실 것이지만, 소장들은 오군과 한 번도 싸워본 일이 없습니다. 먼저 귀장들이 싸워 오군의 전법을 소장들에게 보여 주시기 바라오.」

초나라 장군들은 힘이 막강하고 신예인 진나라 대군이 원군으로 와 준 데에 사기가 백 배 올라 있었다. 설욕할 의기가 활활 불탔다.

용솟음쳐 일어나 대답했다.

「잘 알겠습니다!」

영에 있던 오군은, 진군이 가까이 다가오고, 초군도 또한 새로이 결집되었다는 말을 듣고, 그들이 오는 길을 향해 출동했다. 오군을 주력으로 삼고, 당나라 채나라의 양군도 또한 가세했다.

양군은 직(稷)에서 만나, 먼 거리를 두고 대치한 채 하루를 보냈다.

직은 지금의 하남성 당현(唐縣) 동남쪽 평씨진(平氏鎭) 부근이다. 당현은 대체로 이 시대의 당나라 언저리이니까, 그 동남쪽이 된다.

부개는 교만하게 행동했지만 지난 번 싸움에 실패한 분함이 마음 속에 사무쳤다. 명예를 회복할 기회를 애타게 기다렸다. 마음 속으로 남모르게 기하는 바가 있었지

만, 본영에서 발표된 편성에서는, 그가 선봉(先鋒)에서
빠져 있었다.

부개에게는 이것이 매우 중대한 모욕이라고 여겨졌다.

(이기고 지는 것은 싸움터에서 흔히 있는 일이다. 단
한 번의 실패 때문에 선봉을 맡길 수 없단 말인가, 분하
다!)

하며 눈물마저 흘릴 듯이 분개했다. 다시 성공하여 설욕
해야 한다고 생각했다.

부개는 밤 사이에 척후를 내보내어 적진의 상황을 자
세히 살폈다. 직의 땅은 당하(唐河)의 지류가 크게 두 갈
래로 갈라져 있는 사이에 발달된 편편한 밭이 이어져 있
는 평원인데, 이미 보리는 다 베에서 눈을 가로막는 것
은 아무것도 없었다. 복병 따위는 아무 데도 없었다. 적
은 초나라의 보병대와 기병대를 맨 앞에 여러 겹으로 대
기하게 하여 물고기 비늘모양으로 진을 치고, 그 뒤에
진나라의 전거가 한 대마다 보병에게 엄호되어 옆으로
멀리 학의 날개처럼 포진했다.

「좋다!」

부개의 가슴은 기쁨으로 뛰었다. 적이 이 편에서 가장
상대하기 좋은 진을 취했다고 여겼다.

부개의 반역(叛逆)

부개는 밤이 깊어 병사를 적진 바로 가까이에 나가게 하여, 이른 새벽에 자기 편 선봉이 싸움을 시작하기 직전에 공격할 계획을 세우고, 자기 편의 모든 군이 잠들기를 기다렸다.

이경이 지날 무렵, 본영에서 포고령이 왔다.

〈요즈음 전투할 때, 본영이 정한 부서를 벗어나 임의로 싸움을 하는 일이 많은데, 내일 전투에서는 그와 같은 일이 없도록 삼가라. 모든 일은 군율을 엄히 지켜 행동하도록 하라. 그러나, 그 때문에 활동에 지장이 있어서는 안 된다는 것은 말 할 나위없다. 약삭빠르게 빠져 나가는 따위의 군율을 벗어나는 자는 공이 있어도 공으로 하지 않고, 반드시 처벌하리라. 이상은 다만 내일의 싸움만이 아니라, 앞으로도 그럴 것으로 알라. 위의 일을 엄히 명심하라.〉

이 포고령도 부개를 자극했다.

(이것은 나 때문에 내려진 것이다. 나에 대한 빈정거림이다.)

이렇게 생각했다. 흥! 하고 코방귀를 뀌었다. 물론 결심을 바꿀 생각은 털끝만치도 없었다. 싸움은 누가 뭐래도 이기면 된다. 뛰어난 공을 세워 아군을 승리로 이끌기만 하면 모든 것이 미화된다. 군율 위반이 뭐냐고 생각을 했다.

부개는 이 포고령이 손무의 진언으로 내려진 것임이 틀림없다고 짐작했다. 통제가 흩어지는 일은, 본영의 중심부를 이루고 있는 오자서나 손무나 백비(伯)등에게는 가장 싫은일임에 틀림없다. 이들은 본디 딴나라에서 온 자들이라 통제가 흩어지는 일은 자기들의 권력에 금이 가는 일이라고 여겨 두려워하는 것이다.

(그러나, 손무라는 자는 그 글에 〈장수에게 능함이 있어 주군도 제어하지 못하면 이긴다〉라고 썼으며, 〈주군의 명령도 받지 않을 수 있다.〉고 쓰지 않았는가. 이런 포고를 내다니, 앞뒤가 맞지 않는다. 흥!)

하고 웃었다.

「아! 잘 알았네. 알았어.」

하고 사령을 보냈지만, 밤이 깊자 예정했던대로 휘하의 병사들을 부서별로 임명하고, 적에게 접근케 했다. 말할 것도 없이, 이제까지 있던 진영에는 환하게 모닥불을 때어 부대가 머물러 있는 것처럼 보이게 하고, 이동할 때에는 일체 불을 *끄고* 매우 조용히 했다.

손무는 처음부터 부개가 이렇게 할 것을 예상했다. 이 기회를 이용하여 부개를 실각케 할 생각이었던 것이다. 군율을 엄수하여, 멋대로의 해동을 해서는 안 된다고 전 군의 장수들에게 포고령을 내린 것은, 이런 숨겨진 계획이 있었기 때문이다. 물론 부개가 그것을 무시할 것이라는 것도 훤히 알고 있었다.

그는 본영에 앉아 조심스럽게 부개의 진영에서 일어나는 낌새를 엿보았다. 다른 사람에게 명해서 상황을 엿보게 할 수는 없다. 그렇게 하게 되면 함정을 만들어 놓고 빠지게 했다는 말을 듣게 될지도 모른다. 엄밀하게 말한다면 그런 것임에 틀림 없으니까 한층 더 신중히 할 필요가 있었다. 음습한 방법이긴 하지만, 이렇게 할 수밖에 없었다.

그는 한결같이 귀기울여 깊은 밤의 고요 속에서 그 낌

새를 들으려고 했다.

삼경이 절반쯤 지났을 무렵, 기다리고 기다리던 소리가 들렸다. 그것을 소리라고 하기에는 너무나도 희미한, 마치 산들바람의 움직임 같은 것이었다. 눈을 뜨고 있으면 들리지 않았지만, 눈을 감고 마음을 기울이고 있으면 확실히 들렸다.

마음의 귀를 기울여 그것을 쫓아 완전히 들리지 않게 된다음 눈을 떴다.

「모깃불을 좀더 때어라.」

당번병에게 일러 모깃불을 많이 때게 해 놓고 말다래를 몸에 감고 누웠다. 두세 번 뒤척이며 돌아 누웠으나, 곧 평화로운 숨소리를 내기 시작했다.

부개는, 말에는 하무를 물리고 재갈의 쇠붙이를 감아 놓고, 사람들에게는 말을 하지 못하게 하고, 매우 느릿느릿 앞으로 나아가, 적진에서 3마장 쯤 떨어진 곳까지 가자 멈추게하고 그 언저리에 엎드리게 했다.

날이 밝기 전, 아직도 하늘이 훤해지려면 얼마쯤 남았을 무렵, 오군의 모든 진영에서는 잠을 깨어 전투에 임할 준비를 시작했다. 이것을 돌아보며 부개는 때가 좋다고 생각했다.

자기 부대가 돌격하여 적진을 하나 둘 격파하면, 자기

편의 모든 부대가 일제히 돌격하고 적의 군사는 패하여 달아날 것이다. 백거(柏擧)에서 싸우던 때와 같이 될 것이라고 계산했다.

「돌격!」

부개는 느닷없이 외치며, 말을 몰아 맨 앞장 서서 달려나갔다.

하룻밤 내내 편히 쉴 수도 없고, 단단히 무장한 채 무성한 풀속에 웅크리고 앉아 잠깐 졸아야만 했던 병사들은 불평이 이만저만 아니었으나, 이른 새벽의 상쾌한 공기에 기력이 회복되었다. 맹장 부개의 휘하로서 오군의 최정예 부대라는 자랑도 있었다.

일제히 일어나 목청껏 외치면서, 이슬에 젖은 들판을 곧장 달리기 시작했다.

맨 앞장 서서 칼을 뽑아들고 쏜살같이 말을 몰고 있는 부개는 요란한 천둥소리와 같은 목소리와 말굽소리를 내면서 병사들이 바로 뒤를 따르는 것을 느끼고, 의기가 하늘을 찌를 듯이 올라 용감무쌍했다. 혼란해진 적을 말발굽으로 짓밟고 마구 차던지며, 갈팡질팡 달아나는 적병을 마음껏 베어 버리는 촉감을 예상하면서, 온몸을 부르르 떨며 계속 달렸다.

그러나, 오래지 않아, 아무리 달려도 달려도 적진이 없

음을 깨달았다. 그가 어제 해지기 전에 살펴본 바로도,
어젯밤 척후의 보고로도 벌써 오래 전에 적진에 도착해
야만 했을 터였다.

(이상하다?)

하고 생각했다.

땅 위는 아직 어두웠지만, 동녘 하늘에는 밝은 빛이 비
치기 시작했다. 부개는 달리면서 주위를 둘러보았다. 그
언저리에 적은 없었다.

(밤 사이에 철수했단 말인가? 그렇다고 하기에는 너무
조용했는데....)

심한 의혹에 흔들리면서 더욱 주위를 둘러보았다. 얇
은 종이를 벗겨내듯이 밝아져 가는 주위는 전보다 꽤 뚜
렷이 보였다.

「어엇!」

저도 모르게 소리 질렀다.

「멈추어라!」

이렇게 외치고 세게 고삐를 당겼다.

적의 진형이 크게 달라져 있었다. 어젯밤 안에 이렇게
한 것인지, 아니면 이 쪽에서 돌격하는데 대응해서 그렇
게 한 것인지, 고기비늘처럼 여러 겹으로 진을 쳤던 초
군은 좌우로 넓게 열려 있고, 훨씬 안 쪽에 진군의 전거

대가 늘어서 있는 진형이 되어, 키 모양을 이룬 그 한가운데로 들어간 꼴이 되었다.

(아차! 큰일났구나!)

부개는 속으로 신음했다. 적의 계략에 빠졌다고 느꼈을 때, 좌우의 초군에서 북소리가 일어나는가 싶더니 우뢰 소리와도 같은 함성이 일며 뒤이어 화살이 비오듯 날아왔다.

언제나 순조로운 일만 겪고, 역경에 빠진 일이 없는 사람에게는 좋은 점도 있지만, 약점이 훨씬 많다. 그 중에서 중요한 것은 다른 사람의 심리를 알지 못하는 것이다. 이것은, 처세에서는 다른 사람에 대한 동정심이 적어 각박하다는 말을 듣게 되어 세상의 믿음을 잃고, 전술가로서는 상대편이 어찌 나올 것인가에 대한 예견이 부족한 전술을 세우는 일이 허다하다.

바로 이 경우의 부개가 그랬다.

그는 지난 번 전투의 실패를 뼈저리게 뉘우치고 있었으므로, 지난 밤 면밀하게 적의 상황을 살피게 하기는 했지만, 그 이상을 생각하지 않았다. 초군이 이 쪽의 전법을 충분히 알고 있어, 그 허를 찌르는 계책을 쓸 것이라는 것을 전혀 예상하지 못했던 것이다.

초군은, 그가 행동을 일으키기 바로 조금 전에 이제까

지의 진지를 철수하여 넓게 좌우로 열어 날이 밝음과 동시에 돌격해 오군을 속에 집어넣고 몽땅 쳐부술 생각이었던 것이다. 부개의 부대는, 그렇게 되리라고 생각하고 기다리던 함정 속으로 돌입한 것이다.

좌우에서 소나기 퍼붓듯이 날라오는 화살에 부개의 부대는 죽는 자, 다치는 자가 연달았다.

부개는 몹시 흥분하면서도, 하다못해 자기 편 모든 부대가 떼지어 나와 닥치는 대로 초군에게 공격해 주면, 그 혼란한 틈을 타서 이 궁지를 빠져 나갈 수 있겠다고, 눈을 모아 뒤돌아보았다.

오군은 이 쪽을 향해 진군해 오고 있기는 했지만, 별로 서두르는 것으로는 보이지 않았다. 북을 치면서 걸음을 맞추어 정돈된 모습으로 전진해 왔다. 맨 앞에 보병을 세우고 그 뒤쪽에 전거를 정렬시켜, 견고한 대형이긴 했지만, 서둘러 대어올 것 같지 않았다.

부개는 머리카락이 곤두섰다.

부개는 자기가 또다시 실패했음을 뼈저리게 느꼈다. 너무나도 큰 치욕감에 눈앞이 보이지 않을 정도였다. 살아서 다시는 자기 편의 모든 장수들에게 얼굴을 대할 수 없다고 생각했다.

(가장 눈부시게 싸우다 죽으리라. 그렇게 하는 것 외에

이 부끄러움을 씻을 길이 없다!)

이렇게 마음을 정했다.

왼쪽 적을 향해 돌격을 명했다. 그렇게 하면 오른쪽 적의 화살은 미치지 않게 된다. 왼쪽의 적도 수에 있어 대항할 수 없을 만큼 많았지만, 양쪽으로 공격을 받는 것보다는 싸우기 쉽다고 판단했다.

말머리를 그 쪽으로 돌리고 올라타자,

「앞으로!」

하고 외치며 곧장 달려나갔다.

전군이 뒤따랐으나, 따라갈 수 있었던 병사는 전체의 3분의 2가 조금 넘을 정도밖에 되지 않았다. 천명이 넘는 병사가 죽거나 다쳐서 걸을 수도 없었다. 병사들의 마음은 흔들리고 있었다.

부개도 무턱대고 돌진했으나 적은 충돌하려 하지 않았다. 그가 나가는 방향에 있는 부대는 이 쪽에서 나가면 나가는 만큼 뒤로 물러나며 화살만 쏘아 댔다. 화살은 그 방면의 적뿐만 아니라 왼쪽 오른쪽에서도 쏘아 왔다. 어느 틈에 부개의 군은 적에게 포위된 꼴이 되었다. 초군은 앞을 찌르면 좌우가 물러나 절대로 맞부딪치지 않고, 활 싸움만으로 응하고 있었다. 부개의 부대는 끈끈이에 붙잡힌 파리처럼 순식간에 또 반으로 줄었다.

이제까지와 전혀 다른 초군의 전투에 부개는 어찌할 바를 몰랐다. 병사들은 말할 나위도 없었다. 멀지 않아 사냥터의 짐승처럼 멀리서 쏘아 대는 화살을 맞아 죽고 말 것이라고 생각하니, 죽음을 각오한 마음도 풀이 죽었다.

그 마음을 훤히 들여다본 듯이 초군은 포위망 한 귀퉁이를 풀었다. 그것을 자세히 살펴볼 사이도 없었다. 부개의 부대는 한꺼번에 와르르 그 곳을 향해 몰려갔다. 이런 때에 이렇게 움직이면 추격되어 가장 혹독한 손해를 입게 된다는 것을 부개는 잘 알고 있었으나, 어쩔 수 없었다. 세차게 흘러가는 물 속의 지푸라기처럼, 자기까지도 떠밀려 내려가고 있었다.

부개가 생각한대로 초군이 맹렬한 추격을 해왔으므로, 또 반수 이상을 잃었다. 겨우 목숨만 부지해서 가까스로 빠져나가기는 했으나, 도저히 본영에 얼굴을 내놓을 수 없었다. 남은 병사를 이끌고 멀리 싸움터에서 떨어져 나갔다.

부개가 싸움터를 이탈한 무렵부터 오군 본대는 싸움을 걸었으나 초군은 재빨리 앞서와 같이 키를 놓은 것 같은 진형으로 돌아가 방비를 단단히 하고 싸우려 하지 않았다.

손무도 또한 무리하게 싸우려고 하지 않았다.

「진나라의 구원군이 그 수에 있어서나 그 기력에 있어서 상당한 것인데다가 초군의 기력 또한 얕보기 어렵습니다. 결전을 서두르는 것은 이롭지 못합니다.」

합려에게 이렇게 권하여 진을 본래의 위치로 돌아가게 했다. 양군은 떨어져서 노려보며 날을 보냈다.

이따금 작은 싸움은 있었다. 서로 상대편의 헛점을 노려 한 부대를 적의 등뒤로 멀리 돌아가게 했으므로, 그때마다 작은 규모의 공방전이 벌어져 서로 이기기도 하고 지기도 했다.

대진이 한 달 가까이에 이른 어느 날, 진군은 한 부대로 별안간 당나라의 도성을 습격하여 당후(唐侯)를 죽였다.

당나라는 채나라와 더불어 오나라에 연합하고 있는 나라다. 함께 병사를 나란히 하여 초군을 격파하여 초나라 도성을 함락시켰으며, 지금도 채군과 함께 병사를 내보내고 있다. 진군이 당나라의 본국을 갑자기 공격하여 함락시키고 왕후를 죽인 일은 이 연합된 힘을 분열시키기 위해 박은 쐐기였다. 당병은 사방으로 흩어졌고, 채군에게도 또한 동요의 빛이 보였다.

〈불행은 이중 삼중으로 겹쳐온다.〉

라는 서양의 속담이 있는데, 이 몇 년 동안에 수십 명이 역사상 인물의 전기를 연구한 점에서도 그와 같은 실제 예는 실로 많은 것을 인정하지 않을 수 없다. 전부터 여러 가지 인연에 얽혀 적의를 갖고 있는 자가, 약해진 때를 틈타서 달려드는 일도 많지만, 우연히 일어나는 불행이 겹쳐지는 실제 예도 적지 않다. 운명이랄 수밖에 없다.

이 경우의 합려도 그랬다. 당나라가 멸망하고 채나라의 연합에 금이 갔다고 생각하는데, 그로부터 10여 일 뒤 본국에서 급한 사자가 왔다. 부개가 본국으로 도망쳐 돌아가 빈 도성을 지키고 있던 파(波) 태자와 부차(夫差)를 쫓아내고 성을 점령한 뒤 스스로 오왕의 자리에 올랐다는 소식을 전해온 것이다.

이 경우 합려의 불행은 물론 우발적이 아니다. 전부터의 인연이 얽힌 것이다.

두 번이나 패전을 거듭하여 형인 왕이나 다른 장수들의 얼굴을 대할 수 없다고 창피스럽게 생각한 부개는 될 대로 되라는 자포자기로 도리에 벗어난 일을 한 것이다.

우세한 적이 눈앞에 있어 꼼짝도 할 수 없는데, 꾸물거리다간 본국에서 부개의 세력이 커진다. 합려는 이러지도 저러지도 못하는 궁지에 빠졌다.

합려는 급히 달려온 사자를 가두어 일체 다른 사람에게 말하지 못하게 해 놓고, 두세 측근과 자서, 백비, 손무 세 사람을 은밀히 불러모아 대책을 의논했다.

뜻밖의 일에 놀라 곧 입을 여는 사람은 없었다. 그러나, 손무는 예상했던 일이었다. 함정을 만들어 여기에 몰아 넣었다고 해도 좋았다. 자서 또한 그러했다. 그러나, 둘 다 놀란 체하고 입을 다물고 있었다.

얼마쯤 지나서 자서가 입을 열었다.

「놀라운 일이긴 하오나, 놀라기만 하면 사정은 나빠질 뿐일 터이니, 신의 생각을 말씀드리겠습니다. 이 땅에 있어서의 진나라와 초나라 연합군은 그 군세가 강하다 곤 하지만, 비록 우리 군이 패할지라도, 대왕의 목숨을 좌우할 만한 힘은 갖고 있지 않습니다. 이와 반대로, 부개 공자의 반역은 심복의 병사입니다. 시간이 지나면 지날수록 뿌리가 깊어져 길이 복잡하고 커질 것입니다. 조속히 처치하셔야만 합니다. 그 처치는 다른 사람으로는 아니됩니다. 대왕께서 손수 임하셔야 합니다. 혹은, 자산 공자나 여러 공족이나, 여러 장수나, 권세도 있고 역량도 충분한 분들은 많습니다만, 부개 공자는 싸움이 능합니다. 만일, 한 번 싸워 패하는 일이라도 있어서는 오히려 공자에게 힘을 붙여 주어 그 뿌리를 깊게 할 것입니다. 어떤 일이 있더라도 대왕께서 직접 나서시어 싸워 격파하셔야 합니다. 이 친정(親征)은 손경(孫卿)을 데리

고 나가서서 모든 것을 손경의 계책대로 하셔야 하리라
고 생각합니다.」

　모두 그렇게 할 수밖에 없다고 생각하여 잠자코 있었
다. 합려가 가버리고, 손무가 가버리고, 더구나 상당수
의 병사를 이끌고 가는 것이다. 지금 겨우 호각세를 유
지하고 있는데 열세가 된 병력으로 어찌 대치할 수 있을
지 불안했다.

　자서가 말을 이었다.

「대왕께서 직접 나서신다면 반드시 한 번 싸워 부개 공
자를 격파하여 사로잡으실 수 있을 것입니다. 대왕께서
다시 이곳으로 돌아오실 때까지는 그다지 여러 날 걸리
지 않을 것입니다. 그 때까지 저희들은 적과의 결전을
피하기로 하겠습니다. 잘못 되어서 나쁘게 되면, 영에
틀어박혀 방비를 굳게 하고, 대왕께서 돌아오실 때까지
방어하고 있겠습니다. 영의 성벽은 두껍고 높습니다. 적
군이 제아무리 강세라고 해도 두 달이나 석 달의 농성을
할 수 없지는 않을 것입니다.」

　합려는 결심했다.

「좋소, 그렇게 합시다.」

라고 말했다.

　자서는 또 말했다.

「본국에서 일어난, 이 사건은 아직 전군에는 알려지지 않았습니다만, 언젠가는 알려질 일입니다. 다른 사람에게 들어서 알게 되면 여러 가지 허무맹랑한 이야기와 억설이 섞이게 될 것입니다. 그렇게 되면 도리어 인심을 혼란케 하여 사기가 흩어질 것입니다. 포고를 내려 분명하게 알려야 할 것입니다.」

「경의 말이 맞소.」

부개가 반역했다는 것과, 합려가 손수 정벌하러 돌아간다는 것이 그 날 안에 전군에 포고되었다. 얼마쯤의 동요는 있었지만 곧 가라앉았다.

이튿날, 합려는 손무와 함께 1만의 병사를 이끌고 배를 타고 장강을 내려가 본국으로 향했다.

토벌(討伐)

합려는 장강을 내려가는 배 안에서 손무와 싸움에 대해 의논했다.

합려가 먼저 물었다.

「될수록 빨리 부개를 퇴치하고 되돌아 가야겠는데, 어떤 전법을 쓰면 좋겠소?」

「부개 공자가 어떻게 나올지 알 수 없어 분명히 말씀드릴 수는 없습니다만, 공자의 수하에 있는 병사는 대부분 공자가 본국으로 돌아간 뒤 강제로 모은 것이므로 진심으로 따른다고 할 수 없을 것입니다. 또한 이제까지 연달아 두 번이나 싸움에 패했습니다. 두 번 다 조급하게 서둘러 단숨에 적을 격파하려다가 적에게 허를 찔렸습니다. 이번에는 지난번처럼 하기보다는 신중하게 도성에 틀어박혀 방비하는 방책을 쓰지 않을까 여겨집니다.」

경험이 많지 못한 자가 한 번도 아니고 두 번이나 실패하여 겁에 질려 꼼짝도 하지 못할 거라고 말하고 싶었으나 그런 말은 할 수 없었다. 지금은 비록 반역자가 되었지만, 그래도 주군의 혈통이 아닌가? 나쁜 욕설 따위를 하는 것은 예의가 아니다.

합려의 얼굴이 긴장했다.

「그렇다면 단기간에 결전할 수 없는 일 아니오? 성을 공략하는 것은 일이 잘 진척되지 않는 것이오. 공의 병서에도 성을 공략하는 것은 가장 하책(下策)이다. 그 밖에는 방법이 전혀 없을 때에 부득이 하는 것이다. 시간과 수고만 허비할 뿐 손해 또한 막심하다고 씌어 있소. 우리 편에 불리함은 적에게 이로운 것이오. 정녕 부개는 농성책으로 나올 것이오. 싸움을 길게 끌게 하면 여러 나라의 형세가 달라질 것이오. 초나라는 크게 세력을 회복할지도 모르오. 월나라도 어찌 나올지 모르오. 그렇게 되면 다른 나라들도 움직이기 시작할지 모르오. 부개 따위는 풋내기라고 가볍게 여겼었는데, 이건 사실 큰일이었구료.」

합려는 근심하는 빛이 짙었다.

손무는 공손하게 대답했다.

「그것을 생각하기 때문에 이렇게 근심하는 것입니다.」

「어떻게 될 것 같소?」

「되도록 해야 할 것입니다.」

합려는 말하기 거북한 듯이 말했다.

「지금의 오나라 도성은 나의 대에 와서 궁전과 성곽에 모두 손질을 많이 했고, 유지비용도 많이 들여 단단하고 훌륭하게 만들었소. 그 때문에 지금 부개가 공격을 막아 성을 지키기에 이롭게 되었으며, 참으로 공교로운 일이나, 이렇게 애써 돌보아 훌륭하게 만든 것을 경솔하게 싸움으로 파괴하고 손상시키는 것은 역시 아깝소. 적을 유인해 내어 성 밖에서 싸울 수 있으면 좋겠는데, 그런 계책이 없겠소?」

「왕명을 받들 나위도 없이 그렇게 하려고 합니다.」

「무슨 일이건 공에게 맡기리다. 이 싸움은 나에게 물어 볼 것도 없소. 모두 공의 생각대로 해도 좋소.」

합려는 이렇게 말했다. 가장 중대하고 무엇보다도 곤란한 일임을 잘 알고 있었다.

오나라 국경에 들어설 때까지는 며칠의 시간이 있었다. 그 며칠 동안에 손무의 계책은 섰다.

천문산(天門山)을 지나 뱃길로 하루쯤 걸려, 지금의 남경가까이에 이른다. 그 남경 서쪽에 석두산(石頭山)이라는 산이 있다. 이 산은 장강을 내려오는 오랜 동안에 양쪽 기슭에 보이는 산들은 모두 바위가 없는데, 이 산에 이르러 처음으로 바위가 보여 퍽 오래 전부터 이 이름이 붙었다 한다. 이 시대에도 아마 이 이름은 있었을 것이다.

손무는 합려에게 권하여 이 산 밑 강기슭에 모든 배를 매도록 하고 오나라 도성의 정보를 모았다.

여러 가지로 자세한 것을 알 수 있었다.

부개는 초나라에서 오나라로 돌아가자 주방(朱方)에 상륙했다. 주방은 앞에서도 나왔다. 제나라의 중신으로 그 무도함 때문에 다른 중신들에게 나라에서 쫓겨나 오왕 여제(餘祭)에게 의지하러 온 경봉(慶封)이 영토를 얻은 곳이다.

이 곳은 지금의 진강(鎭江)으로 남경에서 80킬로미터쯤 하류에 있다. 유명한 금산사(金山寺)가 있는 곳이다. 이 때 부개는 겨우 천명되는 병력밖에 없었으나, 엄한 명을 내려 병사를 모으면서 오나라 도성으로 향했다. 목적하는 도성에 닿았을 때에는 3만이나 되는 대군이 되었다.

성을 지키고 있던 태자 파와 작은 아들 부차는 첫 싸움에 패하여, 둘 다 그 길로 연릉의 계찰에게로 달아나 숨

었다.

 부개는 그것을 알았으나 일문의 장자이며, 똑똑하기로
이름 높아 나라 사람들이 가장 존경하는 계찰에 대해서
는 함부로 대할 수 없어 더 뒤쫓지 않고 성으로 들어가
왕위에 올랐다. 도성 안에 남아 있던 공족들이며 중신들
로서는 저마다 여러 가지 기분이었겠지만, 두려움에 한
사람도 이의를 말하는 사람없이 그 즉위를 인정했다.

 합려는 버럭 화를 내며 말했다.

 「모두를 내가 요(僚)를 죽이고 왕위에 올랐으니까 부
개 일지라도 같은 일이라는 생각이겠지만, 나의 경우는
다르오. 나는 마땅히 부왕 제번의 뒤를 이어 바로 왕위
에 올랐어야 했음에도 숙부들이 차례로 돌아가며 왕위
에 올랐을 뿐 아니라, 요까지도 사촌인 신분으로 왕위에
올랐었소, 오나라의 왕위는 3대에 걸쳐 찬탈되었던 것
이오. 나는 그것을 바로잡은 것이오. 부개의 이번 반역
과는 전혀 다르오. 그것을 모르다니 슬기롭지 못하오.
알면서도 이의를 말하지 않는다면 의로움에 용감한 마
음이 없는 것이오. 슬기롭지 못하고 의롭지 못하며 용기
또한 없다면, 그들은 그들에게 주어진 지위에 맞지 않는
것이오. 나는 절대로 잊지 못하겠소.」

 합려가 화를 내는 것은 이해하지만, 합려가 반란에 의

해 왕위에 올랐다는 사실이 정당한가 어떤가 하는 문제
는 간단하게 단정할 수 없었다.

합려의 입장으로서는 그의 말대로 이유가 있겠지만,
요가 왕위에 오른 것은 모든 공족과 모든 중신의 결정에
의한 것이다. 특히 어떤 약속이 없는 한 왕위란 언제나
선왕과 가장 촌수가 가까운 자가 오르는 것이 상식이다.

결정한 사람들의 생각으로 틀림없이 그러했을 것이다.
손무는 이성적인 성품이었으므로, 어떤 일에도 일방적
인 생각은 할 수 없었다. 언제나 양쪽으로 생각했다. 이
때도 그러했지만, 이런 일은 직접 면대하여 본인에게 말
할 수 있는 성질이 아니다. 그러나, 합려가 성내고 있는
사람들을 위해서는 좋도록 주선해 두어야겠다고 생각했
다. 자기도 그 입장에 서면 말없이 따르는 수밖에 없을
것이기 때문이다.

「황공하오나, 그 사람들도 언제까지나 의롭지 못한 일
에 굴종할 마음은 없겠지요. 활활 타는 불 속에 손을 집
어 넣을 수 없는 것은 인지상정(人之常情)입니다. 대왕
께서도 요왕의 힘이 왕성했을 때에는 따르셨습니다. 그
사람들도 불의 기세가 꺾일 때를 기다릴 생각일 것입니
다.」

합려는 그다지 내키지 않았지만, 마지못해 고개를 끄

덕였다.

「그건 그렇지.」

그러부터 며칠 뒤에, 합려와 손무가 병사를 이끌고 장강을 내려와 석두산 아래에 배를 매어놓았다는 말을 듣고, 부개는 도성에 틀어박혀 항전할 준비를 시작했다.

합려는 불안한 듯 손무를 돌아봤다.

「역시 농성인가 보오.」

그러나, 손무는 딱 잘라 말했다.

「농성은 절대로 못하게 하겠습니다.」

계속 장강을 내려와, 이틀 뒤에 연릉 가까이에 닿았다. 손무는 병사 2천 명을 상륙케 하고, 그 장수에게 이렇게 명령했다.

「귀관은 남쪽으로 나아가 태호(太湖)서쪽 기슭으로 나가, 될 수 있는대로 많은 어선을 모아, 밤이 되거든 화톳불을 많이 때며 도성 쪽으로 향하오. 그러나, 절대로 접근해서는 안되오. 언제나 아득히 먼 곳에 멈추었다가 날이 밝을 때까지에는 반드시 되돌아서 모습을 감추도록 하오. 매일 밤마다 되풀이하는 것이오. 그러는 동안에 적은 도성에서 나와 성 안은 텅 비게 될 것이오. 그러면 지체없이 도성으로 쳐들어가 모든 문을 닫아 걸고 될 수 있는대로 많은 수의 대왕기를 성벽에 꽂도록 하오. 끊임 없이 정찰을 면밀히 하여 시기를 그르치지 않도록 하오.」

씹어 먹여 주듯이 자세하게 일러 주고 있을 때, 연릉의 계찰에게 가서 숨어 있던 태자 파와 그 동생 부차가 달려왔다.

파는 스물을 하나 둘 넘은 나이였고, 부차는 그 보다 두셋 어렸다. 둘 다 미녀처럼 잘생긴 젊은이였다.

합려 앞에 나가자, 무릎 꿇고 엎드려 울며, 부개의 야 망과 횡포하고 도리에 어긋난 행동을 막지 못한 잘못을 빌었다.

합려가 격려해 주었다.

「나는 너희들의 잘못으로 여기지 않으나, 잘못이라고 생각하거든 이번 싸움에 크게 공을 세우도록 하라. 남자 가 한 번이나 두 번의 실패에 구애되어 어쩌겠는가.」

이 합려의 말을 듣고, 손무는 의병대(擬兵隊)에 파나 부차를 딸려 주면 어떨까, 하는 생각이 들었다.

합려가 고개를 끄덕였다.

「좋겠지. 태자야, 장군이 되어 가거라.」

태자 파가 인솔한 의병대가 떠나자 선대는 또다시 장 강을 내려갔는데, 이틀 뒤 강음(江陰)깊은 물에 이르자 배를 건너편 기슭에 댔다.

손무는 부차에게 말했다.

「공자께선 여기에 올라가 며칠 머무르시다가 때를 보아 강음으로 건너가 기다려 주십시오. 며칠 뒤에는 부개 공자가 도성에서 나와 서쪽으로 달릴 터인즉, 옆에서 덮쳐 사로잡아 주십시오. 그에 대해 거듭 말씀드리지만, 절대로 그 앞쪽에 나가셔서는 아니됩니다. 부개 공자는 용맹스러운 분이십니다. 앞을 막아 필사적으로 덤비신다면 위험하게 됩니다. 반드시 옆에서, 또는 비스듬히 뒤에서 공격하셔야 합니다.」

이렇게 단단히 타이르고 5천의 병사에 부장(部將)몇 사람을 붙여 주었다.

합려와 손무는 남은 군사 3천을 이끌고 하루 반나절을 더 배로 내려가, 지금의 태창(太倉)가까이에 상륙했다. 태창이라는 지명은 이 무렵부터 있었으며, 이 시대에 오 나라가 장강을 이용하여 운반해 오는 쌀을 모아두는 창고를 둔 것이 시초였다는 설도 있으나, 이것은 단순한 전설이며, 실제는 훨씬 후세인 남북조(南北朝)시절, 진(晋)나라 조정이 여기에 곡물 창고를 두어 동창(東倉)이라고 이름 붙인 것이, 지명에 창(倉)자가 붙게 된 시초라고 한다.

상륙하자 장교를 보내어, 합려가 역신 부개를 토벌하기 위해 돌아왔음을 포고하고, 크게 병사를 불러모으며 천천히 도성을 향해 진격했다. 사흘도 못 되어 3만의 병사가 달려와 모였으므로 10만이라고 했다.

이러기 바로 전부터 도성에서는 태호 깊은 물에 날마다 밤만 되면 무수한 배가 나타나 화톳불을 활활 때면서 다가온 것처럼 보이기 시작했다. 계절은 8월 말에서 9월 초에 걸친 때다.

밤이 되어 기온이 내리면 호수 위에 반드시 안개가 끼었다. 화톳불은 안개 속에 몇천인지도 모르게 시뻘겋게 타올라 기분 나쁜 정경이었으나, 날이 밝아 안개가 걷히면 언제나 보는 태호의 경치였다. 태호에는 수많은 작은 섬이 여기저기 흩어져 있다. 모두 나무가 빽빽이 나 있는 산도(山島)다. 이 계절은 때마침 그 산들의 나무가 단풍들어 누렇게 물든 나무들이 섞여 있었으므로, 여느 때에도 좋은 호수 경치가 한층 더 좋았다.

그 호수 위 어디를 둘러보나 소란스러운 배는 보이지 않았다. 배는 떠 있지만 한가로이 물고기를 잡는 배이거나 돛을 달고 천천히 달리는 배로, 여느 때와 조금도 다르지 않았다.

오나라 도성의 인심은 극도로 겁에 질렸다. 이 해괴한

일은 도성이 망할 조짐이라고 소곤대는 사람이 많았다.

이와는 반대로,

「해괴하기는 뭐가 해괴하단 말인가? 합려 왕이 부개 왕을 정벌하시기 위해 초나라에서 귀국하셨다고 하니 뻔하지 않은가? 도성으로 들어오려고 틈을 엿보시는 것이 틀림없어.」

이렇게 말하는 사람도 있었으나, 그것은 아주 적은 수의 사람들이었다.

부개는 물론 해괴하다는 말 따위는 믿지 않았다. 합려가 연릉 가까이에서 군사를 나누어 파태자에게 내주어 태호 서쪽기슭 지방으로 보냈다는 것은 첩자들이 가져온 정보로 알고 있었으므로, 밤마다 배에 화톳불을 피우고 나타나는 것은 이쪽을 교란시키기 위해 하는 짓이라는 것을 훤히 알고 있었다.

합려가 보낸 그 부대는 고작 2천 명 밖에 안 된다는 것도 알고 있었으므로, 병사를 보내어 격멸하고 싶었지만 불안해서 그럴 수 없었다.

부개가 거느리고 있는 병사의 수는 현재 5만 명이나 되지만, 믿을 수 있는 것은 초나라로부터 데리고 돌아온 천명뿐이었다. 나머지는 강제로 병사를 모은 자거나, 파태자나 부차를 따라 싸우다가 져서 항복한 자들이므로 자기에게 심복한다고 생각되지 않았다. 합려가 귀국했다는 소문을 듣자 벌써 동요하는 빛을 보이기 시작한 것으로도 알 수 있다. 이런 자들을 토벌하라고 보낸다면 곧 적 쪽으로 돌아설 것이 뻔하다.

그렇다고 직접 갈 수는 없었다. 합려는 다시 장강을 내려가 강음 건너편 기슭에도 부차를 장수로 삼은 수천 명의 병사를 상륙시켰다고 하고, 다시 하류로 내려갔다고 하나, 멀지 않아 상륙해서 밀고 올 것이 틀림없었다.

(호수 위의 화톳불을 피운 배 따위는 무시하는 것이 좋다. 이 단단한 도성에 틀어박혀 있는 한 2개월이나 3개월은 틀림없이 견딜 수 있다. 그러다 보면 천하의 형세는 반드시 달라질 것이다.)

이렇게 생각하고 차분히 버티기로 했지만, 하루 이틀도 아니고 매일 밤마다 있는 일이니 차츰 신경이 곤두서기 시작했다.

「요 젖비린내나는 풋내기야! 내 새끼손가락만도 못한 주제에!」

멀리 바라보이는 깊은 물 안개 속에서 활활 타는 뻘겋고 무수한 불빛을 노려보며 이를 갈았다.

이런 일이 얼마 동안 계속된 어느 날, 태창 부근에 상륙한 합려의 군사가, 구르는 눈덩이처럼 커져서 급기야

구름 같은 대군이 되어 한발한발 다가오고 있다는 보고
가 들어왔다.

부개는 한층 도성의 방비를 더 단단히 하고 기다렸으
나 합려군의 진격 속도는 아주 느렸다. 하루에 몇 십리
밖에는 진군하지 않았다. 한 군데 멈추어서 움직이지 않
는 날도 있다. 그 것이 왠지 기분 나빴다. 물 위에 떠 있
는 화톳불 피운 배는 밤만 되면 어김없이 나타났다.

부개는 몹시 조바심나서 머리카락이 곤두서는 기분이
들었다.

그는 천성이 매우 용맹하다. 신중한 계책이라곤 하지
만, 이렇게 웅크리고 있는 것과 같은 일이 견딜 수 없었
다. 끊임없는 공포감 때문에 더욱더 그러했다. 이런 음
습한 싸움이 아니라, 탁 트여 있는 들판에서 불꽃 튀는
싸움을 벌이고 싶은 충동이 일어나는 것은 어쩔 수 없었
다.

(그렇게 할 수 없다. 이대로 끝까지 참고 견뎌야 한다.)

부개는 기력을 다해 마음을 눌렀다.

멀지 않아 합려군이 좁은 지협(地峽)쪽으로 길을 잡을
것 같다는 정보가 들어왔다.

이 시대의 오나라 도성은 지금의 소주(蘇州)였다. 이
곳은 언저리를 태호를 비롯한 몇몇 호수가 에워싼 것 같

은 지형으로 되어 있어 태창에서 소주로 가는 짧은 거리
는 현재 남경과 상해를 잇는 경호(京滬) 철도가 달리고
있는 3개의 호수사이에 끼어 있는 약 15킬로미터의 길
이인 지협은 넓이가 약1킬로미터에서 2킬로미터 되어
거대한 긴 둑이라 해도 좋을 것이다.

　부개는 몹시 긴장했다.

　(만일 합려군이 이 길로 온다면 이 지협에 매복해 기다
렸다가 싸워야 할 것이 아닌가. 합려의 군은 10만이라고
큰소리치지만 그렇게 될 리가 없다. 고작해야 사오 만쯤
이리라. 가령 그 이상 된다 하더라도 그 좁은 지형에서
는 대군을 다 펼칠 수 없을 것이다. 오히려 대군일수록
불편하여 전력은 떨어진다. 이 쪽은 전군에서 삼사천 명
의 정예병만을 뽑아내어, 초나라에서 데리고 돌아온 천
명을 중심으로 한 부대를 만들어 단숨에 적의 선진을 찌
르면, 적은 놀라서 어찌할 바를 몰라 혼란에 빠지게 될
것은 뻔하다. 남아 있는 우리 병사에게 지협 남쪽 있
는 호수를 남쪽 기슭을 따라 돌아가게 하여, 지협 동쪽
입구를 찔러 중요한 지점을 점령하게 한다. 적은 혼란에
빠져 당황할 것이다. 그렇게 되면 합려는 자살하거나
사로잡힐 수밖에 없을 것이다.)

　이렇게 생각했다.

부개는 몇 사람의 염탐꾼을 불러,

「될 수 있는대로 서둘러 더욱 자세히 살펴보고 오너라.」

이렇게 명령하여 내보냈다.

반나절 뒤 염탐꾼들은 차례로 돌아왔다. 합려의 군은 틀림없이 지협을 지나서 오기로 되어 있다고 보고했다.

「좋다!」

부개는 떨쳐 일어섰다. 울적하게 웅크리고, 막혀 있던 온몸의 피가 갑자기 생기를 되찾아 크게 소리지르며 돌기 시작한 것 같았다.

미련없이 농성책을 버렸다.

전군을 왕궁 앞에 정렬하게 한 다음, 손수 대열 사이를 돌아다니며 용감해 보이는 병사 4천 명을 뽑아내고, 초나라에서 데리고 돌아온 천명을 하급 지휘자로 임명하여 친위병단(親衛兵團)을 조직했다. 병단은〈호군(虎軍)〉이라는 이름을 붙였다.

다음에는, 남은 병사를 호수 남쪽 기슭을 돌아 지협 동쪽입구를 찔러 이를 점령하라고 명령하여 떠나보냈다.

「될 수 있는대로 서둘러 가라. 적의 후진이 아직 지협에 들어와 있지 않거든 들어 갈 때까지 숨어서 기습하면 된다. 서두르면 서두를수록 좋다!」

이렇게 명하여 쫓아내듯이 떠나보냈다.

도성을 수비하게 하기 위해서는 늙은 병사와 나이 어린 병사만 천명쯤 남겼을 뿐이었다. 이 싸움에는 반드시 이길 수 있다고 믿었기 때문이다.

(이겨서 합려를 헤어 버리거나 사로잡으면, 파나 부차가 빈집을 노리는 도둑고양이와 같이 들어와 일단 도성을 점령했다 할지라도 기급하여 달아날 것이 뻔했다.) 라고 생각했다.

부개는 5천 명을 이끌고 전속력으로 지협을 향해 달렸다.

화공(火攻)

　손무가 부개의 전술을 미리 다 내다보았다기보다는,
부개의 성격, 부개군의 상황, 도성 부근의 지형 등을 아
울러 생각할 때, 그렇게 나올 수밖에 없도록 갖추어져
있었던 것이다. 그는 자기 병서 가운데 〈잘 싸우는 자는
선수를 잡으며 남에게 선수를 뺏기지 않는다〉고 말했는
데, 바로 그것이었다. 이것은 사냥의 요령과 같다. 사냥
꾼은 사냥터의 요소요소에 좋은 먹이를 놓아 자기가 생
각하는 곳에 잡으려는 짐승을 이끌어 내거나, 요소요소
에 함정을 만들어 놓고 개로 몰게 하며, 짐승이 함정을
향해 돌진하지 않을 수 없게 만든다.
　부개를 도성에서 이끌어내기 위한 먹이니까, 물론 손

무는 모든 군사를 지협에 넣지 않았다. 좁고 긴 둑에 대군을 들여 보내는 것이 위험함을 충분히 알고 있다. 적이 정예병으로 쳐들어온다면 몸을 잘 놀릴 수 없어 혼란되고 흩어져 참패할 것이 틀림없다.

그러므로, 우수한 병사만을 뽑아낸 일부 전거대와 일부 보병대를 합쳐서 4천명쯤을 부장들에게 이끌게 하여 계책을 주어 지협으로 나가게 하고, 한편 대부분은 합려에게 이끌게 하여 남쪽 호수의 기슭을 돌아 도성으로 향하게 했다.

「아마도 대왕께선 전투하시지 않아도 되리라고 생각합니다. 소신이 예상하기로는 부개 공자는 스스로 정예병을 이끌고 지협으로 돌입하여 격한 싸움을 할 생각일 터인즉, 대왕의 군이 만나게 되는 군사는 집을 지키던 공족이나 중신들일 것입니다. 위세로 강요당하여 부개 공자 편이 되어 있는 사람들입니다. 대왕하고 싸울 뜻은 없을 것입니다. 병사들 또한 강제로 모아들인 자들이므로 마찬가지일 것입니다. 대왕의 깃발이 펄럭이는 것을 보면 활시위를 늦추고, 갑옷을 벗고, 항복할 것입니다. 군용을 갖추시어 당당하게 진군하시기 바랍니다. 물론 이것은 예측에 지나지 않으므로, 확실히 항복할 때까지는 방비를 엄히 세우시어, 왕성한 전의를 유지하실 것을 잊지 마십시오.」

하고 주의를 주었다.

「좋소, 알았소.」

합려는 고개를 끄덕이고 그 쪽으로 향했다.

손무는 기병과 보병을 합쳐 2천 명을 이끌고 지협 입구에서 멈추었다. 만일 아군이 패한다면 어느 쪽을 향하더라도 곧 나아가 도울 수 있기 때문이었다.

지협에서 전투가 시작된 것은 3시간쯤 뒤였고, 지협 한가운데쯤 되는 곳이었다. 이 쪽은 그 곳에 이르기 훨씬 전부터 속도를 몹시 떨어뜨려 느릿느릿 행군했다.

마음이 조급해져서 달려온 부개는 멀리 앞쪽에서 오는 그들을 보자,

「보라! 적은 힘이 빠져 있다! 단숨에 짓밟아라!」

라며, 채찍을 높이 들고 외치며 한층 더 격분하고 속도를 빨리했다.

여기까지 달려오는 동안 말을 탄 장교들은 별도로 하고, 그토록 강하고 건장한 호군도 몹시 지쳐서 숨이 턱에 닿아 있었다.

조급히 서두르는 부개도 이대로의 상태로는 싸울 수 없다고 생각했다. 얼마 동안 호흡을 가다듬고 기력을 회복시킬 필요가 있다고 생각하여, 말을 세우고 전군에 정

지 명령을 내렸다.

그러자, 그것을 기다렸던 것처럼 적은 그 때까지 머뭇
거리며 망설이는 것 같던 태도를 버리고 행진하기 시작
했다. 이제까지는 전거와 보병이 서로 뒤섞여 있었지만
가까이 접근함에 따라 전거가 앞서고 보병은 그 뒤를 따
라, 눈깜짝할 사이에 좁은 길 가득히 옆으로 펼쳐졌다.
한발한발 밀고 나오는 모습은 마치 성채가 그대로 밀고
오는 것 같았다.

부개는 아차! 하고 놀랐으나, 그 이전에 병사들 쪽에서
먼저 동요했다. 부개는 앞으로 나갈 것인지 뒤로 물러날
것인지 망설였으나, 물러간다면 병사들이 걷잡을 수도
없이 겁에 질려 버릴 것이고, 적이 전거를 무섭게 밀고
나온다면 전군이 무너져 달아날 것이 틀림없다고 보았
다. 공격하는 길밖에 없다고 생각했다. 돌격으로 나가면
뜻밖에도 적은 겁먹을지도 모르는 일이며, 그 마음의 동
요를 이용해서 적 속으로 파고들어, 처음 계획한대로의
싸움을 할 수도 있을 것이라고 생각했다.

말에 올라타기가 무섭게 큰 칼을 뽑아 높이 치켜들었다.
「앞으로!」
라고 소리치며 달리기 시작했다.

전군은 아직 호흡도 가다듬지 못했으나, 함성을 지르

며 뒤따랐다.

동시에 적군에서도 함성이 올랐다. 아군의 함성보다 훨씬 크고 요란하며 저력에 차 있는 함성이었다. 부개 자신의 뱃속에 쾅하고 울릴 정도였다.

「앞으로! 앞으로!」

부개는 연거푸 소리지르면서 말을 몰았다.

적은 여전히 성채가 움직여 오는 것 같은 박력으로 전거의 대열을 몰고 나왔는데, 조금 뒤, 이 대열에서 일제히 쏘아대는 화살이 잇따라 날아오기 시작했다. 전거군은 멈추고 있었다. 몇몇 군사가 죽거나 다쳤다.

부개는 멈출 것을 명령하여 방패를 나란히 세우게 하고, 그뒤에 숨어서 쏘게 했다. 그러자, 적은 또 전진하기 시작했다. 성채가 밀고 나오는 것 같은 박력이다. 앞으로 나오면서 전거위에 어마어마하게 세운 큰 방패 뒤에서 화을 쏘아 보낸다. 이쪽의 방패는 한 사람이 드는 작은 것이어서 병사들은 몸을 웅크리고 있어야 하며, 그 자세로 당기는 활이므로 노리는 것도 정확하지 않고 화살수도 많지 못했다. 그에 비해 적이 전거 위에 세워 놓은 방패는 크고 폭도 넓어 3장이나 나란히 놓은 뒤에 서서 자유로운 자세로 편하게 쏜다. 이 쪽은 전혀 적에게 손해를 줄 수 없는데도, 죽고 다치는 병사가 잇따라 나오는데다가, 한발한발 다가온다.

병사들의 마음이 흔들렸다.

부개는 머리카락이 곤두서는 심정이었다. 겨냥은 완전히 빗나가 적에게 선기를 빼앗기고 있음을 알았다. 스스로의 부주의를 알고 화가 치밀었으나, 어쩔 수 없었다.

그는 있는 힘을 다해 명령했다.

「그대로의 자세로 조금씩 물러나라! 여기서 무너지면 한사람도 남김없이 몰살되고 만다. 조금씩 물러나라!」

방패 뒤에 몸을 웅크리며 뒤로 물러났다.

적은 이 쪽에서 그렇게 할 것을 미리 훤히 알고 있는 것 같았다. 눈 깜짝할 사이에 전거군의 속도가 올라가고, 화살은 전보다도 자주 날아왔다.

병사들의 동요는 한층 더 심해졌다.

적은 이것도 미리 예상하고 있었던 모양이었다. 와아, 하고 함성을 질렀다. 수많은 천둥이 한꺼번에 울리는 것 같았다.

두려움에 견딜 수 없게 된 부개군 한 사람 두사람이 말도 없이 일어나 달아날 낌새를 보이자, 여기저기에서 뒤따르는 자가 생겨나, 전열이 순식간에 무너져 버렸다.

전거군은 끊임없이 함성을 지르며 더욱 속력을 내어 진격해 나갔다.

　부개군은 멈추어 설 줄 모르고, 있는 힘을 다해 오직 달아나기만 했다.

　호수 남쪽을 돌아 도성으로 진격한 합려가 이끄는 부대도 거의 같은 무렵에 적군을 만났다.
　손무가 예견했던 바와 같았다. 장군이 되어 온 사람은 공족의 한 사람이었지만, 부개의 위세에 눌리어 따랐음에 지나지 않았으므로, 싸우려는 마음은 없다. 장교나 병사들도 물론 그렇다. 합려군이 기세당당하게 어마어마한 군용을 갖추어 나오고, 더욱이 맨 앞에 합려의 깃발이 휘날리는 것을 보자 그 자리에 우뚝 서 버리고 말았다.
　합려는 군사(軍使)를 급히 보내,
「역신의 편이 되다니 무슨 일인가? 뒤따르는 자들에게 본보기를 보여주기 위해 짓밟아 버릴 것이나, 속히 항복한다면 죄를 묻지 않고 종전대로 대우해 줄 것이다. 잘 생각하여 대답하라.」
하고 말하자, 그 자리에서 항복하겠다고 대답하고 병졸들에게 활을 놓으라고 명령했다.
　합려는 항복한 병사들을 합쳐 5만이나 되는 대군을 이끌고 도성으로 향했다.

이미 도성은, 태호 방면으로 공격해 온 파태자의 부대에 의해 점령되어 성벽에는 합려의 깃발이 무수히 나부끼고 있었다. 부개가 남긴 늙고 약한 군사들은 변변히 싸우지도 않고 항복한 것이다.

부개는 2백의 기병과 함께 좁은 길에서 빠져나와, 우선 도성으로 가려했으나, 도성을 파태자가 점령한데다가 동쪽에서 합려의 대군이 다가오고 있다는 것을 알았다. 좁은 길에서는 또 적이 급히 다가오고 있다.

부개는 태호의 북쪽 기슭을 서쪽으로 달렸는데, 호수 북쪽 끝 가까운 마을에 이르렀을 때, 수천 명의 병사가 대기하고 있다가 앞을 막아섰다. 합려의 작은아들 부차가 이끄는 부대였다. 부차는 손무가 결코 부개 앞에 막아서지 말라고 한 훈계를 알고 있었으나 겨우 2백기밖에 남지 않은 부개를 얕보기도 했고, 사로잡아 무명을 떨치고 싶은 공명심도 있었던 것이다.

부개는 머리카락을 곤두세워 분개했다.

「젖비린내도 가시지 않은 주제에 감히 내 앞을 막아서겠다는 것이냐!」

라고 말하고 2백의 정예기병을 한 군데에 집결하게 하여 부차의 본진을 향해 돌진했다.

협도의 싸움에 패한 것은 계책 때문이었다. 병사들은

정에 강병이고 말은 모두 뛰어났다. 맞부딪친다면 부차의 병사 따위가 대적할 수 없다. 단 한 번 맞부딪친 것으로 풍지 박산나서 부차는 멀리 북쪽으로 달아났다.

부개는 쉬지 않고 달리고 또 달렸다. 이윽고 장강을 건너 더욱 서쪽으로 달려서 초나라로 달아날 생각이었으나, 손무가 정에 기병을 뽑아 급히 쫓는다는 말을 듣고 도저히 달아날 수 없다고 보았다.

연릉으로 달아나 계찰의 보호를 요구했다.

계찰은 벌써 80살이다. 생애를 가장 바르게, 가장 높게 보내려고 애써온 그로서는 같은 일족들이 자기 욕심과 자기 고집으로 서로 싸워 피로 피를 씻는 싸움질만 하는 것이 몹시 씁쓸했고 또한 슬펐다. 그렇다고 조정에 나서려는 생각은 없었다. 영리하고 스스로 욕심이 없는 그로서는 그와 같은 조정이 아무 소용도 없다는 것을 알았다. 한때는 화해가 성립되더라도 곧 무너질 것을 내다볼 수 있었다.

(영원한 시간의 흐름에 비한다면 겨우 손가락을 한 번 튕기는 사이에 지나지 않은 짧은 목숨인데 어찌하여 저렇게까지 욕심에 집착하는 것일까? 참으로 한심한 자들이다.)

이렇게 탄식할 뿐이었다.

합려가 부개를 정벌하기 위해 초나라에서 돌아왔다는 것은 물론 잘 알고 있다. 합려가 오나라 도성을 향해 3면에서 다가가고 있다는 소문도 듣고 있다. 부개가 패할 것이라는 예상도 하고 있었다.

그러므로 부개가 왔다는 말을 들어도 놀라지는 않았다. (지난 번에는 부차가 오더니 이번에는 부개란 말인가!) 라고 생각했을 뿐이었다.

그를 만났다.

부개는 다쳐서 이마를 검은 명주로 싸매고, 같은 검은 명주로 왼팔을 목에 달아매고 있었다. 숙부를 보더니 무릎꿇고 말했다.

「싸워 이로움 없고 갈 곳 없는 채로 숙부님을 의지하여 왔습니다. 보호하여 주시면 글자 그대로 다시 살아난 은혜로 알겠습니다.」

계찰이 말했다.

「일전에는 파와 부차를 숨겨 주었으니, 그대를 숨겨 주지 못하겠다고 할 수는 없겠지.」

부개는 머리를 조아려 사례하고, 합려가 무도하여 도저히 오왕의 자리를 감당할 수 없다고 생각했기 때문에 자신이 직접 대왕의 자리에 앉은 것이다. 자신의 뜻은 나라 백성들의 근심과 곤궁함을 돌보지 않고 해를 거듭

하여 싸움만 하고 있는 합려의 방법을 고치고 백성을 도
탄에서 구하는 데에 있었다. 절대로 자신의 욕심 때문이
아니었다고 변명했다.

　계찰은 한 마디 말도 없이 다 듣고 나서 말했다.

「내가 지난 번 파와 부차를 구해 주었고, 지금 또한 그
대를 구하는 것은 모두 같은 일족이기 때문이다. 어느
쪽이 옳은가 그른가 하는 것은 상관이 없다.」

　차분한 말투였으나 말의 뜻은 무엇보다도 강하다. 양
쪽 다 비난하는 것이 분명했다. 부개는 입을 다물었다.

　손무는 부개가 계찰에게로 달아났다는 말을 듣자 연릉
에는 들어가지 않고, 그 자리에서 군사를 돌렸다. 계찰
은 오나라의 왕가에서는 각별한 사람이다. 그 곳으로 달
아난 이상 합려라도 어쩔 수 없다.

　도성으로 돌아와 합려에게 보고하는데 계찰의 사자가
와서 말을 전했다.

〈부개가 내게 와 있는 한 용서해 주기 바란다.〉

「용서할 수 없는 사람이나 숙부님께서 그렇게 말씀하
신다면 마다할 수 없습니다. 앞으로의 일을 잘 훈계하여
주기시 바랍니다. 연릉에서 나오면 절대로 용서치 않겠
다고, 이 또한 전해 주십시오.」

　합려는 이렇게 대답하여 사자를 잘 대접해서 돌려보냈

지만 부차를 엄하게 다스렸다.

「그토록 손장군이 주의를 주었는데도 그게 무슨 꼴이냐! 장군의 지시대로 싸웠다면 절대로 놓치지는 않았을 것이다. 부개와는 전에도 싸우지 않았더냐. 대강 적이 어느 정도라는 판단을 할 줄 알아야 할 것 아니냐! 너 같은 애송이가 맞서서 감당할 수 있는 상대냐? 자신의 처지를 몰라도 정도가 있다.」

라고 몹시 야단쳤다.

합려로서는 부개가 미운 반역자인데다가 그가 오나라 안에 살아 있는 한 불안해서 초나라로 갈 수도 없다. 이렇게나마 울분을 터뜨리지 않으면 견딜 수 없었던 것이다.

이야기는 바뀌어 초나라에 남은 오군…….

합려가 오나라로 떠난 뒤, 초나라와 진나라의 연합군은 더욱더 강해졌다. 대체로 적국의 군대가 나라를 점령하고 있을때의 애국군은 형세가 유리해지면 끝없이 커지는 법이다.

초군에는 날로 병사가 참가했다. 땅 밑에서 개미가 솟아나오는 것 같았다.

자서는 모든 장수와 의논하여 영으로 돌아가 농성하려 했으나, 백성들 사이에 저항군이 일어나, 영을 지키고

있던 오군을 죽이고 성문을 닫아 걸고 굳게 성벽을 지키
며, 항전하여 성에 들이려 하지 않았다.

오군은 격노했다.

「쳐부숴라!」

하고 분격하는 자도 있었으나, 꾸물거리다간 등뒤에서
진나라와 초나라의 연합군이 추격해 올 것 같았다.

하는 수 없이 운몽 북쪽을 돌아 장강을 건너 운몽 동쪽
기슭 가까운 균(雲)으로 향했다.

균은 소왕이 도성에서 달아난 뒤 서제(庶弟)인 자서(子
西)로 하여금 소왕이라고 말하게 하고 행재소를 비설(脾
洩)에 설치하게 했을 때, 그 곳을 지키기 위해 그 가까이
에 긴 방벽을 쌓게 한 일이 있었는데, 바로 그 곳이다.

오군은 장강과 방벽으로 진나라와 초나라의 연합군을
막고 합려가 돌아올 때까지의 시간을 벌 생각을 한 것이
다.

오군은 균을 지키고 있는 초나라의 수비병들을 쫓아
버리고 방벽에 의지해 수비했으나, 아무리 기다려도 합
려는 돌아오지 않았다. 부개와의 싸움에는 이겨서 도성
에서 쫓아냈다는 것을 알려 왔으므로 그 점은 안심했지
만, 돌아오지 않는 데에는 난처했다. 초나라 안 여기저
기에 저항군이 일어나 작은 군사로는 방벽 밖으로 나갈

수도 없어 양식을 조달하기도 어렵게 되었다.

이윽고 연합군은 운몽 남쪽을 돌아 밀고 왔다.

오군은 용감하게 싸워 몇 번이나 물리쳤다. 마침내 연합군은 때마침 겨울철이라 초목이 모두 메말라 있는 것을 이용하여 화공(火攻)을 썼다.

이 때의 일을 〈좌씨전〉과 〈오월춘추〉에는 이렇게 적었다.

화공계를 제의한 것은 자기(子期)였다. 자기가 소왕의 서제로 싸움에 능한 장군이라는 것은 앞에서 말했었다.

자기의 이 의견에 자서(子西)는 반대했다. 자서는 이무렵에는 가짜 소왕의 탈을 벗고 있었던 것이다.

자서는 이렇게 말했다.

「여기에서 있었던 여러 차례의 전투로 수많은 초나라 병사들이 전사했다. 그 주검의 대부분은 이 들판에 널려 있다. 그것들을 거두어 묻을 수도 없는데, 태워 버린대서야 할 말이 없지 않는가. 전사한 자들의 가족으로서는 견딜 수 없을 것이다.」

자기가 말했다.

「초나라는 일단 멸망하였소. 그것을 우리는 가까스로 여기까지 되찾은 것이오. 이제 조금만 더하면 적군을 완전히 쫓아 버리고 나라를 되살아나게 할 수 있소. 그렇게 되면 싸우다 죽은 자의 영혼을 제사 지낼 수 있소. 죽은 자로서도 영혼이 있다면 불에 타게 되는 것을 기뻐할 것이오. 가족들도 그것은 알수 있을 것이오. 무얼 두려워하겠소!」

의연한 말에 그렇게 결정했다.

초군은 바람의 방향을 보아 들판에 불을 질렀다. 운몽 물가에서부터 이어져 있는 들판은 바싹 말라 타기 쉬운 땔감이 되어 있다. 소용돌이치는 불길과 연기는 오군의 진영으로 덮쳤다. 본디 눈가림으로 쌓아올린 방벽이라 낮기도 하다. 무시무시한 불은 어렵지 않게 방벽을 넘어 안으로 번져 오병들에게 덮쳤다.

오군은 수비를 포기하고 균의 동북쪽 공서(公壻)골짜기로 물러났으나, 초나라 군이 집요하게 뒤쫓아와, 오군은 또 패했다. 오군은 방비를 굳게 하여 연합군이 아무리 싸움을 걸어와도 싸우지 않고, 본국으로 급한 사자를 보내어 합려나 아니면 손무가 와서 도와 주기를 청했다.

철수(撤收)

초나라에서 오군이 패했다는 것과 곤궁한 상황을 알게 되자, 합려는 손무와 의논했다.

합려는 손무에게 말했다.

「경이 가 줄 수 없겠소?」

부개가 계찰에서 있는 한 합려가 오나라 도성을 비울 수는 없었다.

「가라시면 가겠습니다만, 이것은 무척 곤란한 일입니다. 신으로서는 우리 군사를 무사히 철수시키는 일이 고작이며, 적군을 호되게 공격하여 다시금 초나라 도성을 빼앗기는 어려울 것 같습니다만, 그래도 좋겠습니까?」

손무가 물었다.

「그렇게 되면 여러 해 동안 고생하고 애써서 지금까지
해온 일이 헛되지 않겠소.」

합려는 무던히도 분한 모양이었다.

「헛되다고 할 수는 없겠지요. 이 싸움에 이김으로서 우
리의 국경선은 깊은 초나라로 먹어 들어갈 수 있습니다.
지금까지 초나라에 종속되어 있던 한수 동쪽에 있는 작
은 나라 대부분도 우리나라에 종속되게 될 것입니다. 초
나라는 가까스로 살아 남을 수 있었다고는 하나, 동쪽은
우리 나라에게 깎이고 서쪽은 진나라에게 쪼개 주어, 다
시금 예전의 강국이 될 수는 없을 것입니다. 무엇보다도
초나라를 잇따라 격파하여, 일단은 그 도성을 점령하여
초왕으로 하여금 몸둘 곳이 없게 만들었다는 사실은 대
왕의 이름을 천하에 널리 인식시켰습니다. 천하의 제후
들 사이에 대왕의 발언력은 예전과 다릅니다. 절대로
헛되이 끝난 것이라고는 생각지 않습니다.」

합려는 대답하지 않았다. 누가 무슨 말을 한다 해도,
일단은 그 곳까지 공격해 갔으면서, 이제 패전과도 같은
결과가 되어 병사를 철수해야 한다는 것이 억울하고 분
해서 견딜 수 없는 모양이었다.

손무는 이어 말했다.

「싸워서 이기는 것이 아니라 이겼음을 확인하기 위해

싸우는 것이라고 신이 언제나 말씀드리는 것을 상기하시기 바랍니다. 초나라 땅에서의 적과 우리의 양상을 보면 도저히 우리편에 승산이 없을 것으로 신에게는 여겨집니다. 물론 이것은 전패라는 것이 아니라, 작은 부면에서는 이길 수도 있을 것입니다. 그럴 수 있다고 보기에 철수하는 일만이라면 무사히 해낼 수 있으리라고 말씀드리는 것입니다. 그것조차도 없다면 그것도 불가능합니다. 신이 대왕께서 생각해 주시기를 바라는 것은, 모험을 하여 결전해서 패하고 우리 군을 모두 죽게 만들기라도 한다면 그야말로 천하에 대한 대왕의 발언력을 없애는 일이 됩니다. 제후간의 발언력이 강하냐 약하냐는 것은 그가 갖고 있는 병력이 강하냐 약하냐에 달렸음은 대왕께서도 일찍부터 잘 아시는 일입니다. 초나라 땅에서 우리 군에게 승산이 없다는 것은 멀리 떨어진 곳에서 살펴본 것이므로, 혹은 신이 초나라 땅에 가서 가까이 살펴보면 이길 만한 지형을 발견할 수 있을지도 모르며, 죽을 힘을 다해 싸우면 이길 수 있을지도 모르지만, 이길 수 있다고 하더라도 아군 또한 크게 손해를 입게 될 것입니다. 그렇게 되면 우리나라의 병력은 크게 줄어듭니다. 대왕의 발언력이 약해집니다. 더욱이 이길 수 있다 해서 적에게 얼마만한 손해를 줄 수 있는가 하면,

초나라에 대해서도 다시 일어날 수 없을 정도의 타격을 줄 수는 없을 것입니다. 하물며, 진군은 설사 전멸당했다 하더라도 겨우 전차 5백 승입니다. 진나라의 힘에는 거의 아무런 타격도 없습니다. 강하다거나 약하다는 것도 상대적인 것입니다. 결국 우리나라가 승리를 얻을 수 있다 할지라도 진나라의 강세에 비하면 하늘과 땅 차이가 된다는 것을 각오해야만 합니다. 그러나, 여기서 병력을 잃지 않고 철수해 온다면, 대왕께서 장악하고 계시는 병력은 강한 진나라의 병력보다 나으면 나았지 못하지 않습니다. 한때의 통쾌함을 바라며, 크나큰 이해를 잊으셔서는 안 된다고 생각합니다.」

차근차근 되풀이하며 말하는 손무의 말은 하나하나 도리에 맞았다.

합려는 마침내 말했다.

「잘 알겠소. 그럼 무사히 철수시켜 오는 것만으로도 좋소. 가주오.」

손무는 1만 명의 병사를 백척의 배에 태워 장강을 거슬러 올라가 초나라로 향했다.

〈병사는 3만 명, 손무가 장군이다〉라고 말을 퍼뜨린 것은 말할 나위도 없다.

20일쯤 뒤, 배는 공서 골짜기 깊은 물에 이르렀다.

오군은 골짜기 사이에 틀어박혀 옴츠리고 있는 형태였으나 장강에 돛을 나란히 올리고 조용히 올라오는 대선단을 보자 미친 듯 기뻐하며 환호했다.

손무가 원군을 이끌고 대선단을 짜고 온다는 사실은 물론 적에게 전해졌다.

「손무는 신묘함을 터득한 전술가다. 절대로 마음 놓아선 안된다.」

연합군 측에서는 이렇게 말하며 공서 골짜기 어귀에 방비하는 부대 병사를 남겨 두고 장강 일대에 탄탄한 방책을 쌓고, 단단히 준비하여 기다리고 있었다.」

그러나, 손무는 아랑곳하지 않고 배를 계속 저어 올라가게 하여 운몽으로 들어가, 그날 밤은 운몽의 풀숲 속에 배를 맸다.

이 시절의 동정호가 양자강 북쪽에도 펼쳐져 운몽이라고 불리어 거대한 물놀이 장소가 되어 있었다는 것은 앞에서 설명했으나, 좀더 자세히 말한다면, 강 북쪽을 운(雲)이라 하고 남쪽인 현재 동정호로서 남아 있는 곳은 몽(夢)이라고 했다. 운은 뒤에 말라 버려서 대부분이 육지가 되었으리만치, 이 시대에 이미 풀숲이 되어 있었던 것을 요즈음 여러 나라 역사를 쓴 책에서 알 수 있다. 거기에는 이렇게 씌어 있다.

〈초나라에 풀숲이 있는데 운(雲)이라고 하며, 걸어서 다닐 수 있는 모래땅 주(洲)가 잇따라 있어, 금속과 목재와 화살 만드는 대나무가 생산된다.〉

손무의 선단이 닻을 내린 것은 이 대나무와 갈대가 우거진 주였다.

때마침 정월초였다. 초나라 군사 쪽에서는 손무가 어둠을 이용하여 밤중이 지나서 강을 내려와 상륙작전으로 나오는 것이 아닐까, 하고 찬바람이 휘몰아치는 북쪽인 강변에 긴장하여 대기하는 한편, 일대의 부대를 배로 장강을 건네어 손무의 선단이 정박하고 있으리라고 여겨지는 언저리에 불을 질렀다.

붙기 시작한 불은 순식간에 넓게 번져 어두운 밤하늘에 불길과 불꽃을 날렸다. 잠자리를 쫓겨난 새들과 넓은 풀숲 여기저기에 있던 새들은 놀라고 당황해서 때아닌 불빛에 정신을 차릴 수 없어 하늘 높이 날아오르고 불꽃 위의 높은 하늘을 어지럽게 헤맸다. 미친 듯이 곤두박질쳐서 불 속에 뛰어들기도 했다. 보기 드문 광경이 벌어졌는데 가장 중요한 오군의 선단은 그 곳에 없었다. 어느 틈에 옮겼는지 장강의 남쪽 호수어귀 가까이로 옮겨가 있었다. 무섭게 타오르는 불의 기세도 넓은 호수 위와 장강을 넘은 그 곳까지는 빛이 잘 닿지 않았다. 희미하게 불빛을 반사하는 돛대가 숲처럼 서 있는 것처럼 보였을 뿐이었다. 적이 어떻게 나올 것인가를 완전히 알아보고 어둠을 이용하여 이동해 버린 것이다. 초나라 군사는 이를 갈며 분해했다.

날이 훤하게 밝아올 무렵부터 오군의 선단은 행동하기 시작했다. 강을 내려오는 것이 아니었다. 돛을 달고 또 거슬러 올라갔다.

차츰 멀어지는 둑을 멀리 바라보며, 진나라의 장수들도 초나라 장수들도,

「손무는 영의 수비가 허술하다고 보고 영으로 향하는 것이다.」

이렇게 판단했다.

실제로 영의 수비는 탄탄하지 못했다. 오군이 균에서 패하여 물러나 공서의 골짜기에 틀어박히자, 소왕은 영으로 돌아갔으나, 대부분의 병사는 공서에 출동하고 있어 영에는 얼마되지 않는 수비병이 있을 뿐이었다

꾸물거리고 있을 수 없었다. 공서 골짜기에는 수비병을 더 늘려서 남겨 두고 영으로 향하려 했다. 그러나, 배는 겨우 30척밖에 준비되어 있지 않다. 이 정도의 배로 뒤를 쫓아간다면 먹이가 될 뿐이다. 육로로 남쪽으로 운몽을 크게 돌아 급히 갔다.

이것은 손무의 계략이었다.

손무는 사흘 동안 장강을 거슬러 올라갔다가, 하루만에 강을 내려와 밤이 되자 운몽에 닿았다. 한참 동안 정지하여 때를 엿보다가 날이 밝기 전에 어둠을 이용하여 공서 기슭으로 몰래다가가 느닷없이 상륙작전으로 나왔다.

공서 골짜기에 오군을 누르는 수비병으로 남아 있던 초군은 어쩔 줄 몰라 부서를 지키려 했으나, 그 때에 오군은 이미 방책벽을 타넘고 있었다. 여름에 개미떼가 상위에 놓여 있는 꿀단지를 겨냥하고 기어오르는 것 같았다. 차례차례로 뒤를 이었다.

이 소동을 듣자, 틀어박혀 있던 오군은 함성을 지르며 튀어나왔다.

앞으로 뒤로 적을 맞아 어떻게도 할 수 없었다. 초군은 한꺼번에 무너져 달아나 운몽 동쪽 들판을 남으로 달렸다.

오군은 얼마쯤 추격하여 수천 명을 베었다.

아침해가 오르기 시작할 무렵 손무는 오자서를 위시한 오군의 장수들과 만났다. 모두 울 듯이 감동하여 손무에게 감사했다.

손무는 다시 거사할 것을 기약하고 일단 전군 철수하라는 합려의 명령을 전했다.

　장수들은 모두 다른 의견 없이 승낙했으나, 자서는 불만인 듯 했다.

「손장군께서 와 주신 이상 다시 적을 무찔러 영을 회복하기는 쉬운 일입니다. 대왕께선 다시 거사하기를 기한다고 하셨다지만 말은 쉽고 행하기는 어려운 일입니다. 여기까지 들어오는 것이 이미 큰 일이었습니다. 우리는 여기에 있지 않습니까? 이번에야말로 완전히 초군의 마지막 숨을 끊어놓읍시다. 반드시 할 수 있는 일입니다. 그렇게만 한다면 대왕께서는 칭찬하실망정 절대로 진노하시지는 않을 것입니다.」

라고 역설했다. 본디 숱 많고 억센 수염은 곤두섰고 눈은 불덩이처럼 번쩍였다. 그것은 광기어린 사람이 외곬으로 생각에 잠긴 눈이었다.

　손무로서는 자서의 심리를 거울에 비친 것처럼 잘 알 수 있다. 자서는 소왕을 놓쳐 버린 것이 분해서 견딜 수 없었던 것이다. 일찍이 자기의 원수였던 평왕의 무덤을 파헤쳐 시신을 꺼내어 매질하고 시신을 망가뜨려 치욕을 주어 원한을 풀었던 자서였다.

　그 평왕의 아들인 소왕을 잡아 가장 능욕적인 방법으로 죽이려고 생각하고 있음이 틀림없다. 바로 손에 잡힌 곳까지 추격했음에도 놓쳐 버렸을 뿐만 아니라, 이렇게

되었으니 견딜 수 없는 심정이 되는 것도 무리는 아니리
라. 그러나, 그렇더라도 자서의 집요한 원한과 강인하고
격렬한 성격에는 저절로 혀를 내두르지 않을 수 없었다.
도저히 사람의 행동이 아니라 가슴이 떨렸다.

　이제 더 이상 이런 일을 돕는 것은 질색이었다. 또 설
사 싸운다 해도 반드시 이길 가망은 없었다.

「말씀하시는 바는 일리가 있소이다만, 대왕께선 군사
를 모두 철수하여 돌아오라고 누누이 말씀하셨습니다.
대왕께서는 더 이상의 싸움은 설사 이길 수 있다고 할지
라도 우리 편의 손해가 크면 앞으로를 위해 불리하다 하
십니다. 소장 또한 승리할 자신이 없습니다. 대왕의 명령
을 받들지 않을 수 없습니다.」
라고 손무는 말했다.

　자서는 험악한 눈으로 손무를 보았다. 한참 뒤에 말했
다.

「대왕께서 말이오?」

　총명하고 민첩한 자서가, 이것은 합려의 본심에서 나
온 것이 아니라 손무에게 설득당해 그런 마음이 된 것이
라고 알아 본 것은 확실하다.

　손무는 멈칫했으나 곧 그게 무슨 상관이냐, 하고 있는
힘을 다해 태연하게 버텼다. 처음에는 자기가 설득했다

고 하더라도 이미 합려가 그것을 받아들여 그런 마음이 되어 있는 이상 합려의 의향임에는 틀림없다. 자서가 말했다.

「대왕의 어명이고 또한 손장군에게 전승할 계책이 없다고 하시는 이상 단념할 수밖에 없지요.」

목소리가 떨렸다. 분함을 참는 것을 알 수 있었다.

오군은 개선길에 올랐다. 배로 장강을 내려오기에는 배가 모자라므로 배는 수병들만 태워 본국으로 급히 돌아가게 하고 전군이 육로를 잡았다.

〈오월춘추〉에 의하면 여러 날 걸려 오나라 영토 안으로 들어가 율수가에 이르렀을 때, 자서는 옛날 이 곳을 지나칠 때 너무 굶주려 여울물에 무명을 빨래하던 여자에게 먹을 것을 얻어먹은 일이 생각나서, 곁에 있는 사람에게 그 때의 일을 이야기하며,

「그 때의 은혜를 갚고 싶으나, 그 사람은 그 때 물에 몸을 던져 죽었고 그녀의 집도 알지 못한다.」

라고 말하며, 황금 100금을 꺼내어,

(여자여 영혼이라도 있거든 이것을 받으라, 그 때의 은혜를 조금이나마 갚고자 함이니라.)

이렇게 빌고 율수에 던지고 갔다.

뒤이어 곧 한 노파가 울면서 비틀비틀 걸어왔다. 가까이 있던 사람이 어째서 그렇게 슬프게 우느냐고 물었더니 노파가 대답했다.

「나는 훨씬 오래 전에 여기서 몸을 던져 죽은 처녀의 어미랍니다. 어째서 몸을 던져 죽었을가, 하고 아무리 생각해도 알수 없었는데, 조금 전에야 알았습니다. 그때 지금 이 나라 손님이신 오자서님께서 몹시 곤궁하여 이 곳을 지나시다가 굶주림을 견딜 수 없어 딸아이에게 먹을 것을 빌었던 바, 딸 아이는 불쌍히 여겨 그만 음식을 대접했는데 혼인하기 전 외간 남자와 말을 하고 음식을 건네준 일은 도가 아니라고 부끄러이 생각하여 몸을 던져 죽은 거라고 하셨습니다. 바로 조금 전 오자서님께서 초나라 정벌에서 개선하시는 도중 이 곳을 지나치시다가 옛날 일이 생각나시어 딸아이가 죽어 버렸으므로 은혜를 갚을 길이 없다고 매우 한탄하시더라고 사람이 와서 가르쳐 주었습니다. 아아, 그런 까닭이 있었던가, 하고 나는 처음으로 알았으며 딸아이가 가엾어져서 뒤늦었지만 장례를 지내려고 나왔습니다.」

눈물 섞어 말하는 그 이야기를 듣고 사람들도 함께 울면서,

「오자서님께선 처녀의 집도 알지 못하니 어쩌겠는가.

여자의 영혼이여, 이 100금을 받으라고 하시면서 많은 황금을 강물에 던지고 가셨습니다.」

하고 가르쳐 주었으므로, 노파는 그 금을 주워들고 돌아갔다는 것이다.

이것은 실제 이야기는 아닐 것이다. 여자의 죽음을 불쌍히 여긴 뒷세상 사람 누가 지어내어 이런 결말을 붙여 전해져 내려오다가 후한(後漢)시대에 이르러 조엽(趙曄)에 의해 쓰여진 것이리라.

이 책에는 또 이런 것도 쓰여 있다.

합려는 이 개선 장군들을 맞이하기 위해 물고기 회를 만들어 놓고 기다렸는데, 좀처럼 도착하지 않았다. 회는 상하기 시작하여 몹시 고약한 냄새가 났다.

그 뒤, 곧 도착했는데, 새로 회를 만들 겨를이 없었다. 그래서 그 회를 꺼내 보았더니 전혀 냄새가 나지 않았다. 자서며 손무며 백비 등은 매우 기뻐하여 배불리 먹었다. 새로 회를 만들어 내놓았더니 이 또한 전과 같은 맛이었다.

이것도 사실은 아닐 것이다. 옛시대 역사책에는 사물의 기원(起源)이나 지명의 기원 등을 이런 식으로 역사상의 유명한 사건이나 인물과 연관시켜서 설명한 것이 흔히 있는데, 이것도 그런 것이리라. 그 무렵의 오나라,

다시 말해서 지금의 강소성은 옛시대에는 물고기류를 회로 하여 날것으로 먹는 습관이 있었으므로, 그 기원을 합려에게 연관지은 것에 지나지 않을 것이다.

초나라에서는 오군이 철수하여 비로소 평화가 돌아왔다. 소왕은 모든 신하들의 논공행상(論功行賞)을 했다. 그것을 〈좌씨전〉은 이렇게 쓰고 있다.

오군의 엄중한 추적에서 도망다닐 때 한수를 건넌 일이 있었다. 등뒤에서 적이 쫓아와 위급한 때였지만, 왕에게는 배가 없었다. 이 때 남윤미라는 자가 배를 찾아냈다. 소왕은 자기를 태워달라고 했으나 남윤미는,

「내 아내와 아이들은 어찌하구요.」

라고 말하고, 아내와 아이들을 태우고 건너가 버렸다.

왕은 이 원한을 품고 있었으므로 이번에 죽이려 했으나, 서제인 공자 자서가 원한을 잊어버리지 않는 자는 언젠가는 망하는 법이라고 간언했으므로, 전에 하던 일을 보게 하고 말했다.

「나를 따라 여기저기 떠돌아다녔음에도 별로 승진하지 못하고 본디 있던 그 자리에 머물러 있음은 그대의 잘못 때문이니라.」

공이 있는 자에겐 모두 상을 주었으나, 첫째 공신인 신포서는,

「소신은 대왕을 위해 일했지, 자신을 위해 일한 것은 아니었습니다. 이제 대왕께서 무사태평하게 되신 것이니, 소신의 소망은 이루어졌고, 소신의 수고는 보답된 것입니다.」

라고 끝끝내 사퇴했다.

왕은 또 자기를 죽이려고 했던 운공(鄖公) 투신(鬪辛)의 동생 투회(鬪懷)에게도 상을 주려고 했다. 투신의 충성을 생각했기 때문이리라. 자서가 이것은 그럴 필요가 없다고 했으나 왕은,

「회는 처음에는 나를 죽이려 했으나 나중에는 그 마음을 버리고 나에게 충성을 다했소. 나는 작은 것을 버리고 큰 것을 취하는 것이오.」

라고 대답했다.

왕은 비아를 마땅한 신분을 가진 자에게 출가시키려고 했는데, 비아가 이렇게 말했다.

「처녀란 남자에게 가까이 가서는 안 되는 것인데, 위급한 때라고는 하지만, 나는 종건에게 업혔었습니다. 종건 말고 내 지아비가 될 사람은 없습니다.」

고집스럽게 말하여 끝내 왕의 승낙을 얻어냈다. 그러나, 벼슬도 없는 악인에게 왕의 여동생을 출가시킬 수는 없었다. 종건을 악윤(樂尹)으로 삼고, 비아를 출가시켰다.

이리하여 초나라 안이 평화로와졌다는 말을 듣자 부개
는 연릉을 빠져나와 초나라로 망명했다. 초나라에서는
부개를 당계(堂谿)의 영주로 삼았다. 당계는 지금의 하
남성 여녕부 수평현의 서쪽이다. 부개의 이름은 이 뒤로
사적(史籍)에 나와 있지 않다. 너무나도 오만하고 경솔
했으므로, 그 천재는 한때의 꽃으로 시들어 버린 것이다.

망제문(望齊門)

오군이 철수하고 초나라에 평화가 돌아오자 진나라 군사도 귀국했다.

초나라에 흩어져 있는 첩자들의 보고로 이것을 알자, 합려는 다시금 초나라를 정벌할 결심을 하고, 참모들과 의논했다.

자서와 백비는 곧 동의했으나, 손무는 내키지 않아서 우물쭈물했다.

합려의 얼굴에는 조바심의 표정이 나타났다.

「왜 그러오? 이길 수 없다고 생각하시오?」

손무가 가장 탁월한 장군이라는 것은 사실이 증명하고 있다. 합려도 충분히 인정하고 있으나, 손무의 너무나도 조심스러운 면에 불만을 느끼지 않을 수 없었다. 어떤 싸움이 시작되는 경우에도 이의 없이 동의한 일이 없다. 어쩌구저쩌구 하면서 동의하려 하지 않았다. 합려는 그 망설임을 손무에게 전술은 본직이다. 만에 하나라도 진다면 그의 전술에 흠이 된다는 생각에서 충분하고도 또 충분한 확인을 한 다음이라야 단행할 마음이 생기는 것이라고 해석하고 있었는데, 그래도 막상 당하면 또 그러는구나, 하고 혀를 차고 싶어지는 것이었다.

손무는 합려의 말을 듣자 당황했다.

「아닙니다. 그렇지는 않습니다. 그렇지는 않습니다만.」

성격이라는 것은 어쩔 수 없다. 두려운 듯한 말투가 되고 마는 것을 어쩔 수 없다.

「그렇지는 않지만, 어찌 되었다는 것이오?」

이런 경우 사람은 흔히 괴롭히고 싶은 마음이 생긴다. 그래서 합려는 짓궂게 말했다.

「지지는 않지만 전승할 겨냥이 서지 않는다는 것이겠지? 경의 말은 언제나 정해져 있소. 틀리지 않을 것이오.」

이제는 아무 말도 할 수 없을 것 같았지만, 기력을 불러 일으켰다.

「황공하오나, 말씀하시는 바와 같습니다. 해마다 병사

를 혹사하고 겨우 병사들을 거두어들인 것이 이번 정월
이었습니다. 아직 두 달도 안 되었습니다. 얼마 동안 백
성들의 힘을 쉬게 해 주지 않으면 백성들이 견디지 못합
니다. 그리고, 싸워서 진다고 생각하지는 않습니다만, 도
저히 지난 번 싸움처럼 초나라 도성까지 쳐들어갈 수는
없을 것입니다. 고작해야 첫싸움에 한두 번 이겼을 때,
병사를 거두지 않으면 힘이 다하고 맙니다. 힘이 다하면
남쪽에서 월나라가 어찌 나오겠습니까? 오나라의 적으
로서는 지금은 초나라가 그다지 대수롭지 않습니다. 월
나라야말로 가장 두려워해야 할 나라가 되어 있음을 마
음에 새겨 두셔야 할 줄로 압니다.」

합려가 말했다.

「과연 그렇겠군. 그렇다면 월나라를 치기로 할까?」

이것은 손무를 놀리기 위한 말이었다. 진심으로 한 말
은 아니다. 월나라와 같은 야만족 나라를 아무리 정벌했
다 한들 패자가 될 수는 없다. 패자가 되려면 중국의 제
후를 이겨서 천하를 위압해야 한다.

손무는 합려의 말이 진정으로 하는 말이 아님을 잘 알
았으나 진지하게 대답했다.

「월나라를 치기에는 힘이 모자랍니다. 그러므로, 백성
들의 힘을 쉬게 하시도록 말씀드리는 것입니다.」

「월나라를 치기에는 힘이 모자라지만, 초나라를 쳐서 첫싸움에 한두 번 이기고 군사를 거두는 데에는 지장이 없다는 말이오?」

「그러합니다. 그러나, 가장 좋은 것은 아무것도 하시지 않고 이삼 년 쉬시는 일입니다.」

「경의 말은 잘 알았소. 그렇다면 초나라를 치고 싶소. 우리의 힘이 잘 길러지면 그들의 힘도 길러질 것 아니겠소. 이삼년 뒤라면 매우 힘든 싸움을 해야 될 것이오. 지금이 바로 초나라의 힘이 가장 쇠약해 있을 때요. 이럴 때 어찌 치지 않는단 말이오. 그런 줄 알고 계획을 세워 주기 바라오.」

합려는 단숨에 밀고 나갔다.

이렇게 나온다면 더는 아무 말도 할 수 없다.

「잘 알겠습니다.」

라고 대답하는 수밖에.

손무는 수륙 양면의 작전 계획을 세웠다.

수군으로 장강을 거슬러 올라가면 적은 이것을 도중에 막는 방법으로 나오고, 그와 함께 반드시 육군을 북쪽으로 돌게하여 북쪽에서 오나라로 쳐들어오는 작전으로 나올 것이 틀림없으므로, 매복해 기다렸다가 이것을 두드리는 작전이었다.

수군은 작은 아들 부차가 대장군이 되어 백비가 따르고 병선 4백척에 2만 명의 병사를 거느리고 떠나고, 육군은 태자파가 대장군이 되어 육(六)으로 나가 대기하기로 되었다.

이 지방은 본디 초나라의 영토이면서도, 예로부터 두 나라가 싸우는 곳이 되어 빼앗고 빼앗기고 했었는데, 지난 번 싸움 결과 완전히 오나라 영토로 돌아가 버린 곳이다.

손무는 합려와 함께 오나라 도성에 머무르기로 했다. 상황에 따라 어디로나 나가 도울 수 있도록 유군적(遊軍的)인 뜻과 월나라에 대비하기 위한 것이었다.

4월, 먼저 수군이 떠났는데, 그 뒤 곧 초나라가 파양호 호반에 있는 파(鄱)지방의 호족들에게 저마다 수군을 조직하여서 멀지 않아 장강으로 내려가는 초나라 수군과 합류하라는 포고가 내렸다는 보고가 들어왔다.

손무는 육군을 떠나보냄과 동시에 배를 준비하라고 명령하여 1만의 군사를 이끌고 급히 강을 거스러 올라갔다. 아군의 파 지방의 호족들이 조직한 수군을 치기 위해 파양호로 들어갈 것이 틀림없다고 생각했던 것이다. 만일 파양호에 들어가있을 때 초나라의 수군 본대가 도착하여 호수 어귀를 점거해버리면 오군 선대는 꼼짝할 수 없게 될 것이 뻔했다.

도착해 보니 걱정했던 바와 같았다. 오나라의 수군은 파양호에 들어가 호수 속에 집결해 있는 선대와 서로 노려보고 있었다.

손무는 이끌고 온 선대를 강 위에 멈추게 하여, 이윽고 내려올 초나라 선대에 대비하게 해 놓고, 자기가 탄 배만을 호수안으로 들어가게 하여 부차와 백비를 만나 위험함을 말했다. 두사람은,

「적의 수군 본대는 언젠가는 강을 내려올 것이오. 그가 합류하기에 앞서 파의 수군을 격멸할 작정이오. 하나하나 격파하려 합니다. 손장군의 병서에도 〈적의 배이거든 즉 이(利)를 나누라〉고 했지 않습니까?」

라고 주장했다.

책을 쓴 사람으로서 다른 사람으로부터 이런 말을 듣게 되는 것만큼 정떨어지는 일은 없다. 책은 마음으로 읽어야 하는 것이지만 사람의 마음은 얼굴 모양이 다른 것과 같이 갖가지이기 때문에 자신의 자(尺)로 재게 마련이다.

곧이 곧대로 받아들이는 것이 아니라면 잘못 곡해한다.

그런 일이 많다.

손무는 몹시 당황하여,

「그렇습니다만, 그렇게 하려면 그것대로 여러 가지로 방법을 생각해야 합니다. 그래서 도와드리러 온 것입니다. 한동안 소장이 말하는대로 해 주셔야겠습니다.」
라고 말하고, 설득하여 선대를 둘로 나누어서 차례로 물러나기 시작했다. 파의 선대는 추격하러 나서려고 했으나 한 선대가 물러나는 사이에 다른 한 선대가 머물러 대비하며 번갈아가며 물러가는 빈틈없음에 적군은 어찌할 수 없었다.

무사히 호수 어귀를 나와 장강에 배를 띄우자, 손무는 두사람에게 계책을 주었다.

「오늘부터 대엿새 뒤, 이른 새벽 호수 안에 있는 적의 선단에는 당황함과 혼란이 일어날 것입니다. 선대의 절반으로 이에 돌격해 주십시오. 물론 언제 초나라의 선대가 내려올지 모르는 일이므로, 이 강 위의 경계는 나머지 선단으로 충분히 엄중하게 해 주셔야 합니다. 만일을 위해 소장이 데리고 온 선단을 반 남겨두겠습니다.」

이렇게 말하고, 데리고 온 군사 가운데 5천 명을 뽑아 이끌고 밤이 되기를 기다렸다가 상륙하여 파로 급히 갔다. 파는 지금의 파양(鄱陽) 언저리다. 파양호 동쪽 기슭 지대다.

호수 어귀에서 파양까지 약 2백킬로미터, 급히 서둘러

닷새째 되는 날, 아직도 컴컴할 때 이르렀다. 손무는 파의 모든 부락에 불을 지르게 했다.

새벽 어둠 속에 자기들의 마을이 타오르는 것을 보고 깊은 물에 정박해 있던 파의 수군은 깜짝 놀랐다. 오군의 짓이라는 것을 곧 알아차릴 수 있었다. 당황해서 허둥거리며 물리치기 위해 상륙하려 했으나, 이미 그 때는 오나라의 수군이 은밀히 다가오고 있었다. 한꺼번에 북을 치며 밀고 나왔다.

완전히 깨지고 무너져서 물에 빠져 죽는 자, 목을 베이는자, 사로잡히는 자가 수없이 많았다. 칼에 맞은 자 가운데에는 파의 수군장 소신(小臣)과 소유자(小惟子)가 있었다. 배가 사로잡힌 것은 말할 나위도 없다.

이렇게 해서 파의 수군은 궤멸되었다.

부차도 백비도 새삼 손무의 전술에 감탄하여 머물러 줄 것을 간청했으나 손무는,

「소장은 오래 머물 수 없습니다. 월나라의 일이 걱정됩니다. 대왕께서도, 될 수 있는대로 빨리 돌아오라는 분부셨습니다.」라고 대답하고, 사로잡은 배를 끌고 돌아갔다. 장군이 된 사람의 이와 같은 경우의 미묘한 심리를 손무는 잘 알고 있다. 싸움을 앞둔 지금은 이 쪽을 의지하고 있지만 그 간청에 못이겨서 머물렀을 때 싸움에 이

긴 뒤에는 그 심리가 달라진다.

반드시 손장군이 있었기 때문에 교묘한 전술로써 이길 수 있었다고 세상 사람들이 말하는 것을 싫어하고, 공을 빼앗긴 것처럼 자기에게 좋지 못한 감정을 품게 되는 것이다.

부차는 그래도 나은 편이나, 손무가 본 바로 백비는 보통 아닌 심각한 성격이다. 다른 나라에서 온 객신(客臣)인 탓으로 공세우기를 서두른다.

질투는 증오가 되어 어떤 음험한 수단으로 자기에게 죄를 씌우려 들지도 모른다.

손무는 이렇게 생각했다.

(뼈빠지게 고생한데다가, 그렇게 된다면 너무나도 바보스럽다. 그리고, 이만큼까지 해 놓았으니 그 다음은 어지간한 실수를 하지 않는 한 지지는 않을 것이다. 그들에게 공을 세우게 해 주어야 한다.)

손무가 도성으로 돌아와 얼마 되지 않아 초나라의 수군 본대와 파양호 어귀에 가까운 장강에서 부딪혀 싸워 크게 승리했으며 초나라의 대부를 일곱이나 베었다는 소식이 전해졌다.

또, 얼마 뒤에는 육군의 승전 보고가 전해졌다. 손무가 미리 내다보았던 것과 같았다.

초나라는 수군을 내보냄과 동시에 육군을 편성하여 멀리 북쪽을 돌아 오나라로 침입하게 하려고 한 것이다. 육(六)에서 대기하고 있던 파태자와 자서는 첩자들의 보고로 초군이 접근하고 있음을 알자 곧 출동하여 번양(繁陽)에서 초군과 만나 이를 크게 격파했다. 번양은 하남(河南)의 신채(新蔡) 가까이라고 하니, 이 시대의 채나라 가까이, 앞에서 말한 식(息)의 북쪽 언저리였다.

오군은 그 지방을 모두 점령하여 자기 나라 영토로 삼을 방비를 해놓고 개선했는데, 초나라는 이 패전으로 매우 두려워 하여 마침내 도성을 약(郡)으로 옮겼다. 약은 지금의 호북성 한수 부근의 의성(宜城)이니, 영에서는 약 2백킬로미터 북쪽이다. 영에서는 오군이 장강을 거슬러 올라올 위험이 있어서 그렇게 했다.

초나라의 수ㆍ륙 양군을 격파하고 국경 가까운 초나라 영토를 많이 차지한 것은 오나라의 국위를 크게 떨쳤다.

이 때까지 초나라에 예속되었던 작은 나라들도 오나라에 따르게 되고 중원의 대제후들은 다투어 수호사절(修好使節)을 보냈으나, 제나라만은 사자를 보내지 않았다. 제나라는 주(周)나라의 동성국은 아니다. 태공망 여상(太公望呂尙)의 자손이라는 높은 문벌이 있고 기름진 땅이 2천리나 이어졌고, 바다에 임해 소금과 물고기로 이

(利)를 얻어 환공(桓公)이 관중(管仲)을 재상으로 삼은 뒤로는 크게 상공업을 장려했으므로 매우 부강했기 때문에, 본디 오랑캐 나라인 오나라 따위 밑에 붙을까 보냐 하는 긍지가 있었다.

합려는 매우 못마땅했다.

「정벌하리라.」

이렇게 결심하고 참모들과 의논했다.

과연 참모들은 동의하지 않았다. 자서는,

「제나라는 우리와 원한이 없는 나라입니다. 수호사신을 보내지 않는다는 이유하나 만으로도 군사를 일으킨다는 것은? 반드시 천하는 대왕께서 군사를 함부로 쓰신다 하여 대왕의 덕망을 해칠 것입니다. 얼마 동안, 천하가 납득할 만한 명분이 생길 때까지 기다려야 할 줄 압니다.」

라고 간했다.

합려는 불만스러운 표정을 지으며,

「여러 경들도 좀더 생각해 보시오.」

라고 말하고 회의를 끝냈다.

그날 밤, 자서가 손무를 찾아왔다.

자서는 전술적인 견지에서 합려의 희망이 얼마 동안 실행에 옮겨져선 안되는 것임을 말해 주기 바란다는 부탁을 하러온 것이다.

손무는 술을 내어 대접하면서 자서의 말을 듣고 있었
는데, 다 듣고 나자 말했다.

「대왕의 오늘 모습을 뵙고 소장이 느낀 바로는 대왕께
선 절대로 단념하지 않으실 거라는 것이었습니다.」

「소인도 그렇게 여겨졌기에 이렇게 부탁드리러 온 것
입니다. 그러나, 전술적으로 보아 도저히 성공할 것 같
지 않다는 것을 손공께서 직접 말씀드린다면 대왕께서
도 납득하시지 않을까 여겨집니다만.」

「그러나, 소장이 말씀드린다 해도 받아들이지 않을 것
으로 생각합니다. 그보다도, 대왕으로서는 제나라가 굴
복만 한다면 그것으로 만족하실 터인즉, 전쟁에 의하지
말고 굴복케 할 방법을 생각하는 것이 어떻겠습니까? 그
런 방법이 없는 것도 아닐 테니까요.」

손무가 이렇게 말하고 내놓은 설은, 어디를 정벌한다
고 공표하지 않고 전쟁 준비를 진행시키면서, 사신을 제
나라로 보내어,

〈우리나라의 태자 파의 비로서 제후의 공주를 맞고자
한다.〉
라고 제의하는 것이었다.

「제나라의 첩자들이 우리나라에 들어와 있을 터인즉,

제나라는 우리나라가 전쟁 준비를 끝내가고 있다는 것을 모를 리 없지요. 반드시 겁을 먹고 승낙할 것이오. 그렇게 되면 제나라는 굴복하여 인질을 보내는 것이 되지요. 군사를 일으키지 않고 대왕의 희망은 이루어지게 됩니다. 어떻습니까?」

자서는 무릎을 치며 기뻐했다.

「훌륭합니다. 그 방법이 좋겠습니다. 그러면, 내일 곧 말씀드려 주십시오.」

손무는 고개를 저었다.

「제나라는 소장에게는 부조의 나라입니다. 이 방책은 제나라가 병화를 모면하게 되는 것이므로 제나라로서도 좋은 일이라곤 생각하지만….」

여기까지 말했을 때, 손무의 가슴이 흔들렸다. 상대인 자서는 부조의 나라를 멸망시킬 만큼 공격했을 뿐만 아니라, 예전에는 주군으로 섬겼던 평왕을 아버지와 형을 죽인 원수라 하여 그 무덤을 파헤치고 시신을 꺼내어 매질하여 손상시키기 까지 한 사람이다. 그런 사람 앞에서 이런 말을 하면 마음이 상하지나 않을까, 하고 생각했던 것이다. 마음 속으로 당황하면서도 될 수 있는대로 아무렇지도 않게 말을 이었다.

「소장에게 제나라를 원망할 만한 까닭이 있다면 모르

지만, 소장이 제나라를 떠나온 것은 모두 소장의 멋대로
한 일이었으므로….」

이렇게 말하고,

(아차, 이건 잘못했구나! 오히려 한층 더 두드러지게
되어 버렸다.)

라고 생각했으나, 어쩔 수 없었다. 손무는 말을 이었다.

「어쨌든 예전 주군의 공주를 인질로 잡을 계책을 소장
이 직접 말씀드리기는 차마 어려운 일입니다. 모든 것은
오경의 마음에서 나온 일로서 진언드렸으면 합니다.」

손무는 조마조마하면서 말을 끝냈으나, 자서는 세세한
심리는 알아차리지 못했는지, 이렇듯 기발한 계책을 아
까운 기색도 없이 자기에게 양보하여 자신의 공으로 해
주는 것을 기뻐하여 마음 쓸 여유가 없었다.

「손장군의 청백하심은 평소부터 잘 알고 있어 우러르
는 바였습니다만, 새삼 감탄하였으며 말씀대로 한다면
이는 모든 공이 소인에게로 돌아오게 될 것인즉, 그것은
뒷날 보은하기로 하고, 내일 소인이 직접 진언드리기로
하겠습니다.」

이렇게 감격하고 돌아갔다.

이 건의는 합려에게 받아들여져서 모든 일이 진행되었
다.

그 때의 제후는 경공(景公)이었는데, 제나라의 군신들은 합려의 제의를 받자 두려워하며, 공주 맹자(孟子)를 파태자의 비로 출가시켰다. 그러나, 실제로는 인질이라는 것은 말할 나위도 없다.

〈사기〉의 손자열전에,

〈합려가 북쪽의 진(晉)과 제를 위협하여 제후(諸侯)에게 그 이름을 떨친 것은 힘이었다.〉

라고 쓰여 있는데, 그 하나는 이런 사실을 가르친 것이다.

합려를 오패 가운데 꼽는 설과 꼽지 않는 설이 있다. 꼽지 않는 것은 합려가 제후를 소집하여 주 왕조에 충성을 맹세한다는 이른바 회맹의 의식을 거행하지 않았기 때문이며, 꼽는 것은 그 힘이 패자로서의 성과가 있었기 때문이다.

그는 실로 호화로운 생활을 시작했다.〈월절서(越絶書)에 의하면 도성의 궁전을 호화롭게 지었을 뿐만 아니라 사대를 하나는 화지(華池)인 창리(昌里)에, 하나는 안양리(安陽里)에 이룩했고, 남궁을 장낙리(長樂里)에 지어 가을과 겨울동안은 도성 안에 있는 궁전에서 살았고, 봄 여름은 남궁에서 지냈으며, 도성 서남쪽에는 있는 태호(太湖)를 바라보는 고소산(姑蘇山)에도 별궁을 지었다 한다.

〈오월춘추〉에 의하면,

〈아침에는 저 산에서 식사하고, 낮에는 고소대에서 놀았으며, 구파(鷗陂)에서 활을 쏘았고, 유태(遊台)에서 말을 달렸으며, 석성(石城)에서 악을 일으켰고, 개를 장주(長洲)에 달리게 한다.〉

라고 씌어 있다. 사방에 별궁을 지어 놓고 즐기며 영화를 다한 것이다.

제나라에서 온 공주는 아직 어린 소녀였으므로 구국을 그리워하여 밤낮으로 슬피 울다가, 마침내는 병들었다. 합려는 불쌍히 여겨 공주를 위해 새로 북문을 만들고 문 위를 망루로 하여,

〈망제문(望齊門)〉

이라고 이름 짓고 고국을 그리워하는 마음이 일어날 때마다 이 곳에 가서 북쪽을 바라보게 했다.

그러나, 망향의 정은 하루하루 더해갈 뿐으로, 병은 날로 무거워져서 마침내 죽었다.

죽을 때의 공주는,

「나를 우산(虞山) 산마루에 묻어 주세요. 죽은 뒤에도 고국 쪽을 보고 싶어요.」

라고 말했으므로, 합려는 그 소망대로 해 주었다고 〈오월춘추〉에 적혀 있다. 우산은 태창(太倉)과 강음 사이에

있는 상숙(常熟)에 있는데, 산 위에 그 무덤이라고 전해
지는 것이 후세까지 있었다.

오월(吳越) 전쟁

　파태자는 제나라에서 온 공주를 매우 사랑했으므로 그 죽음을 이만저만 슬퍼하지 않았다. 몹시 울적해서 즐거움을 알지 못했다.

　합려는 여러 모로 마음을 써서,

　「태자는 작년까지 제나라 여자를 알지도 못하지 않았느냐, 알지 못했던 옛날로 돌아간 것이라고 생각하면 아무렇지도 않을 것이니라. 천하에 미녀가 하나뿐이더냐. 마음씨 고운 여자도 하나만은 아니다. 남자가 그렇게 언제까지나 한 여자를 사모하여 상심해선 못 쓴다.」

라고 타이르기도 했고,

　「내 후궁에 많은 미녀가 있다. 그 중의 누구라도 마음에 들기만 하면 선뜻 내주겠다.」

라고 사기를 북돋아 주려고 했으나, 파의 모습에는 변함이 없었다. 울적한 마음은 병이 되어 끝내 죽었다.

「이런 불효한 자식이 있나! 여자를 사모하다가 일찍 세상을 버려 아비에게 걱정과 슬픔을 보이다니! 인군다운 기개가 없음을 하늘이 벌했음이니라.」

합려는 이렇게 욕하면서도 깊은 비탄에 잠겼다.

오나라로서는 세자가 세상을 떠난 것이다. 세자를 다시 세운다면 작은아들 부차를 세우는 것이 순서겠지만, 합려는 좀처럼 그렇게 하지 않았다.

부차는, 파가 살아 있는 동안은 한낱 공자로서 생애를 마쳐야 할 운명이라고 단념하고 있었지만, 형이 죽고 자기가 첫째 왕위를 계승할 권리를 가진 자가 되고 보니 야심도 포부도 커졌다. 왕이 되어 아버지의 위대한 패업을 잇고, 더욱 확대하고도 싶었다. 호화로운 생활도 하고 싶었다.

그러나, 장자가 상속하는 것이 관습이 되어 있을 뿐이고 확정된 것은 아니다.

하물며, 형제 차례에 이르러서는 비교적 그런 사례가 많을 뿐 관습조차 되어 있지 않았다. 언제나 마지막 결정권을 갖는 것은 아버지다. 이번 경우도 합려의 뜻에

따라 셋째아들인 자산(子山)보다도 아래인 자식에게서
뽑을지도 모른다.

　부차는 불안했다.

　지난 번 전쟁에 백비를 부장군으로 삼고 함께 출동한
뒤로 부차는 백비와 매우 친했다.
은밀히 백비를 방문하여 의논했다.

　그러자, 백비는 그 자리에서 지혜를 빌려 주었다.

　「자서의 힘에 매달리는 것이 좋습니다. 대왕께서 가장
신임하시는 사람은 정치에서는 자서요. 군사에 있어서
는 손무입니다. 이와 같은 일에 대해서는 자서의 의견이
가장 중히 받아 들여집니다.」

　부차는 몹시 염려스럽게 물었다.

　「어떻게 부탁하면 되겠소? 나는 자서와 그리 친하지 않
고 자서는 성격이 매우 까다로와 보이는데….」

　「사람을 꼼짝하지 못 하게 사로잡으려면 그가 좋아하
는 것으로써 하는 것이 가장 효과적입니다. 색을 좋아하
는 자에게는 미녀로서, 이(利)를 사랑하는 자에게는 재
물과 보화로써, 학문을 좋아하는 자에게는 학문으로써,
무기를 좋아하는 자에게는 무기로써 하는 것입니다. 자
서는 청렴결백한 인물이니까, 마음에 들게 하는 방법이
없는 것 같지만, 신이 볼 때 거기에는 또 그 나름대로 손

댈 곳은 있는 법입니다. 왜냐하면, 사람이 청렴결백한 것은 대부분 명예를 중히 여기는 마음 때문입니다. 생각하건대 반드시 자서도 명예심이 왕성합니다. 공자께서 존귀하신 몸을 굽혀 자서를 섬기며, 한결같이 자서를 의지하는 태도로 보인다면, 자서의 명예심은 만족하고, 그 마음은 반드시 움직여 공자를 위해 크게 일하려는 마음을 갖게 될 것입니다.」

이 백비의 가르침에 따라 부차는 사부(師父)에 대한 예로서 자서를 섬겼다.

자서는 부차의 마음을 알고 있었다.

어느날 부차에게 말했다.

「공자께서 객신인 소신에게 그렇게까지 정성을 다해 섬겨 주시는 것은 뜻이 있어 그러시리라 여겨집니다. 말씀해 볼까요? 파태자께서 세상을 떠나신 뒤 아직도 세자가 정해지지 않았습니다. 세자가 되고 싶으신 것이겠지요. 어떻습니까?」

부차는 무릎을 꿇고 이마를 조아렸다.

「선생의 힘으로 세자가 될 수 있다면 소자는 선생을 사부로 우러러 모실 것이며, 무슨 일에나 가르침을 받들어 평생토록 변하지 않을 것입니다.」

「공자님, 일어나십시오. 이러시면 예가 지나치십니다.」

　자서는 부차를 일어나게 하여 자리에 앉게 한 다음 말
했다.

　「소신은 공자를 위해 대왕께 진언드리겠습니다. 소신
이 진언드리면 반드시 이루어질 것입니다.」

　그 날 자서는 입궐하여 합려를 뵙고 말했다.

「태자께서 세상 뜨신 지도 꽤 오래 되었습니다만, 대왕
께는 아직도 새 태자를 세우지 않으셨습니다. 지금은 그
런 조짐이 보이지 않으나, 멀지 않아 반드시 인심이 흔
들릴 것입니다. 조짐이 보이기 전에 손을 쓰는 것이야말
로 현군께서 하실 일입니다.」

　합려는 걱정스럽게 말했다.

　「참으로 옳은 말이오. 나도 생각하는 일이지만, 내 자
식들이 모두 어리석어 결정하지 못하고 있소.」

　「그렇게 말씀하시지만 공자들께선 모두 현명하십니다.
어리석은 분은 한 분도 아니 계십니다. 특히 부차 공자
께선 뛰어나십니다. 형제의 차례로 하더라도 가장 위이
십니다. 망설이실 것 없습니다.」

　「부차는 슬기롭지 못하고, 성품도 어질지 못한 것으로
내게는 보이오. 일찍이 부개와 싸울 때에도 손장군이 세
워준 전술을 멋대로 고쳐, 그 때문에 부개에게 격파되어
부개를 놓쳐 버렸소. 슬기롭지 못하다는 증거요. 파양호

에서의 수전에도 손장군이 없었다면 위험할 뻔했소. 그때 싸움에 이긴 것은 부차의 공처럼 되어 있지만, 나는 진실을 꿰뚫어 보고 있소. 부차는 그런 말을 한 마디도 나에게 하지 않았소. 어질지 못한 증거요. 어리석고 어질지 못함은 군주의 덕이 아니오. 만일 그를 태자로 세웠다가 내가 죽은 뒤에 왕위에 앉는다면, 가진 고생을 다하여 여기까지 이룩해 놓은 오나라는 위태롭게 되지 않겠는가, 나는 두려워하오.」

합려는 부차에게 갖고 있는 평가는 매우 혹독한 것이었으나, 자식을 보는 눈은 어버이 만한 것이 없다고, 합려의 관찰은 더 없이 옳았다.

자서는 합려에게 질렸으나, 일단 시작하면 꺾이는 사람이 아니다.

「황공하오나 대왕의 말씀은 너무 신랄하십니다. 지금 말씀하신 일들은 모두 몇 년 전 일입니다. 부차 공자께서 소년이었던 때였습니다. 지난 몇 년 동안의 부차 공자의 자라신 모습을 살펴보시기 바랍니다. 인자하여 사람을 사랑하고, 신의가 돈독하며, 예의 바르고, 참으로 훌륭하신 인품이 되어 계십니다. 가장 인군다운 덕이 있으신 것으로 소신은 받잡고 있습니다. 이 나라는 부차 공자에 의해 더욱더 번영할 것으로 소신은 보고 있습니

214 / 소설 孫子兵法(2)

다.」

합려는 그 당장에는 믿지 않았다.

「부차가 근년에는 나쁘다는 말을 듣지 않게 되었음은 나도 인정하오. 그러나, 칭찬하는 소리도 듣지 못했소. 나는 스스로 관찰하여 결정할 것이오.」

자서는 물러나 나왔으나, 곧 부차를 불러 합려의 말을 전하고, 계책을 일러 주었다. 합려의 직속 탐정이나 측근 신하들에게 빠짐없이 뇌물을 주게 한 것이다. 독재군주는 모두 반드시 남을 의심하고 시기하는 마음이 강해, 이런 일에 대해서는 이런 자들의 보고밖에 신용하지 않는 것을 자서는 알고 있었다.

한 달쯤 뒤, 합려는 자서를 불러 이렇게 말했다.

「경의 말씀이 옳았소. 부차는 자라서 훌륭한 인품이 된 것 같소. 부차를 태자로 삼으리다.」

부차가 태자로 봉해지자, 얼마 되지 않아 손무는 관직을 그만두겠다는 사임원을 냈다.

〈신은 본디 성품이 게으르고 용렬하여 관직에 있을 사람이 못 됩니다. 대왕께서 어떤 볼 만한 점이 있으셨던지 몇 번이고 출사할 것을 독촉하시고, 물러날 것을 들어주시지 않으시와, 용렬하여 그 직을 맡을 수 없음을 잘 알면서도 출사하여 어리석고 둔한 재주를 바치기로 하였습니다. 그로부터 10여 년, 바야흐로 대왕의 위대하신 패업은 이루어져서 오나라는 천하에 으뜸가는 강국이 되어 온 천하가 그 위광을 우러르게 되었습니다. 이는 모두 대왕의 우수한 덕에 의한 것으로 경하해 마지않습니다만, 돌아보건대, 본디 가냘프고 연약한 체질인 신은 해가 지남에 따라 건강이 좋지 않으며, 바야흐로 늙은이의 조짐조차 있음을 스스로 깨닫게 되었습니다. 이래서는 도저히 직책을 감당할 수 없음을 신은 잘 알고 있습니다. 혹시나 중대한 착오를 범하여 대왕의 덕을 해치는 죄과를 저지르지나 않을까 하여 낮이나 밤이나 걱정하고 있습니다. 간절히 원하는 바는, 신으로 하여금 벼슬을 그만두게 하시와 수명을 다할 수 있도록 해 주십사 하는 일입니다. 신의 둔한 재주로 하여금 조금도 대왕께 공이 있었다곤 생각하지 않습니다만, 충실하게 일해 왔다는 생각만은 합니다. 그것을 어여삐 여기시어 이 소원을 들어 주시기 바랍니다.〉

이것이 사직을 원하는 이유였다.

합려는 놀라서 만류했다. 자서를 보내 사직할 뜻을 돌리도록 설득했다.

손무의 마음은 움직이지 않았다.

「사표에 쓴대로 소신이 출사한 것은 본디 바라는 바가

아니었습니다. 대왕의 사랑과 오경을 비롯하여 동료분들의 우정이 너무나도 깊어 나도 생각지 못하는 사이에 이토록 오래 머물고 말았습니다. 더욱이, 그 동안에 그저 취미로서 연구했던 병법을 실지로 시험해 볼 기회가 몇 번이나 주어져 작은 공이나마 세울 수 있었던 것은 참으로 기대 이상의 일이었습니다. 소신은 충심으로 감사하고 있습니다. 소신과 같은 재덕이 없는 자는 높은 자리에 오래 머물러 있을 수 없습니다. 소신은 소인의 건강뿐만 아니라, 재주 또한 내리막길에 이르렀음을 잘 알고 있습니다. 소신을 위해 대왕께 잘 주선하시어 이 소망을 이루게 해 주십시오. 그것을 무엇보다도 고마운 우정으로 여기리다.」

라고 주장했다.

이 소망은 마침내 받아들여져서, 손무는 손가둔으로 돌아갔다. 합려는 그의 공을 기리기 위해 월나라 국경 가까운 부춘을 영지로 주었다.

손무가 처음으로 벼슬길에 나갈 무렵에는 머리카락이나 수염에 몇 가닥 흰 것이 섞여 있을 정도였는데, 지금은 새하얘져서 돌아왔다. 물론 그럴 만한 나이도 아니다. 이제 50살을 겨우 넘겼다.

본디 손무는 세상에 나와 공을 좇는 데에는 정열이 없

었다.

사직하려는 뜻을 언제나 가슴에 품고 있었다. 벼슬자리를 물러나는 것은 언제나 갖고 있는 소망이었으나, 발밑에서 새가 날아오르듯이 이렇게 일을 진행한 데에는, 그 밖에 이유가 없는 것도 아니었다.

손무는 부차라는 인물을 믿을 수 없었다.

손무는, 부차를 경솔하고 오만하며 애정이 없는 냉정한 인물로 생각했다. 태자가 된 뒤 갑자기 인물에 침착함이 생기고 재물을 아끼지 않고 베풀기를 좋아하며 겸허해졌으나, 그것은 합려의 뜻을 얻기 위함이며, 본심에서 나온 일이 아니라고 보았다.

따라서, 합려가 세상 떠난 뒤 왕위에 앉으면 반드시 그 본성이 나온다. 이제까지 무리하게 자신을 억압했던만큼 한층 더 강하게 나올 것이라고 예상하고 있었다. 언제까지나 벼슬 자리에 있다가는 그리 좋은 일이 없을 것이다. 죄를 얻어 죽음을 당하는 것이 고작이라고 생각했다.

손무의 처는 아직 팔팔했다.

그녀는 남편이 10여 년이나 자기를 내버려 두고 도성에서 생활하며 영달을 추구해 온 데 대해 화가 났다.

「무슨 생각으로 이제야 어정어정 돌아오셨어요? 바쁘

다면서 전혀 집에는 오지도 않고, 멋대로 놀아나더니 말이에요. 마누라야말로 이게 무슨 재난이란 말이에요? 여자로서 한창 좋을 때를, 진짜로 남자가 해야 할 일에, 아침부터 밤까지 쫓기다보니 이렇게 얼굴이 쪼그라져 버렸지 뭐예요. 보아하니 꼴사납게 쫓겨나서 돌아온 모양이구료. 오늘부터 나는 이제 일하지 않겠어요. 이제까지 하지 못한 일 뭐든지 나라마님께서 맡아주시고, 나는 놀고 지내야겠어요. 그런 줄 아셔요,」

이렇게 선언하고, 정말로 아무것도 하지 않았다. 모든 일을 손무에게 밀어 버리고, 늙은 얼굴에 연지 찍고 분 바르고 아름다운 옷 걸치고 좋은 음식을 먹으며, 종일 빈둥거리며, 아내의 말에 일리가 있다고 손무도 생각했다. 10여 년에 걸친 벼슬아치 생활은 자기가 정립한 병법의 우수성을 증명하는데 도움이 되기는 했으나, 그 이외에는 모두 헛된 것이었다. 오나라의 객경이 되고 장군이 되어 오나라를 천하에서 으뜸가는 강국으로 만들었지만, 이렇게 관직을 물러나고 보니, 얻은 것이라곤 흰 머리카락과 수염과, 늙은 쇠한 몸과 명전술가라는 이름뿐이다.

관직의 생활은 질투와 증오가 소용돌이치고 있는 세계다. 자칫 방심하면 헛점을 찔러 쓰러지게 되고, 몰락하여 죽음을 당할 위험이 있다. 아무 일 없이 끝까지 해내려면 끊임없이 사람들의 기분을 맞추어야 하며, 끊임없이 사람들의 미움과 질투의 싹을 따야만 한다.

그만큼 노력했는데도 이렇게 허무한 수확밖에 없으니, 참으로 어리석었다. 아내가 못마땅해 하는 것은 당연하다고 생각했다.

이제는 전술 연구의 흥미도 식었다. 부지런히 집안 일, 마을 일을 했다.

이렇게 1년쯤 지냈을 때 아내가 덜컥 죽었다. 오랜 세월 죽어라고 일만 하다가 갑자기 편하고 게을러진 생활에 빠진 것이 나빴다. 살이 뒤룩뒤룩 찌더니, 조금만 움직여도 숨이 가빠서 헉헉 되었는데, 어느 날 아침 침대에서 내려선 순간, 한 번 낮게 끄응 하고 신음하면서 벌렁 뒤로 넘어지더니 다시는 숨을 되살리지 못했다.

아내는 잔소리가 많고 그의 연구 따위에는 전혀 이해가 없어 곧잘 그를 게을러터진 멍청이라고 고래고래 소리질러, 다른 사람 앞에서도 아랑곳없이 체면을 잃게 했지만, 막상 죽고 보니 못된 악처만은 아니었다.

출가해 온 뒤로 일을 거의 하지 않는 그를 대신해서 줄곧 일했다. 노예 일꾼, 일족 사람들을 지시하여 농사도 짓고, 양잠은 물론 베짜기 등에서부터 살림이며 수지계

산, 집안의 길흉 화복의 의식, 마을 사람들의 모든 의식, 마을 제사나 축제에 이르기까지, 족장(族長)인 손무가 해야 할 일을 거의 훌륭하게 처리했다. 손무가 벼슬하고 있는 10여 년 동안은 더욱 그랬다. 여자다운 곰살궂은 마음씨는 없었지만, 현명한 여자였다고 생각했다.

해방된 느낌은 있었다.

(이제는 태평하게 지낼 수 있다.)

라고 생각했으나, 한가닥 적적한 마음은 있었다. 그리운 점 따위는 더구나 없는 아내였는데, 이상한 일이었다.

이 해방감 때문이었는지 적적함 때문이었는지, 손무는 잔심부름도 하고 자질구레한 일들을 돌봐 주던 젊은 여자 노예를 사랑하게 되었다. 물론 이 무렵에 이런 일은 어느 나라에서나 예사로 있는 일이어서 아무도 이상하게 여기지 않았다.

손무의 아내가 죽은 뒤 1년 쯤 지나 월왕 윤상이 죽고 그 아들 구천(勾踐)이 왕이 되었다. 합려는 월나라가 국상 중인 틈을 타서 월나라를 정벌할 것을 계획하여, 병사를 소집했다.

이 소문이 손가둔에 전해지자 손무는 이맛살을 찌푸렸다.

(남이 근심하는 틈을 타다니, 어질지 못하기 이를 데

없구나. 하늘은 반드시 오나라에 복을 주지 않을 것이다. 오자서 공이 있는데, 어째서 간하지 않는단 말인가.)

이렇게 마음 속으로 남모르게 중얼거렸다. 오자서를 찾아가 볼까, 하는 생각도 했다.

그러나, 생각을 고쳤다.

(쓸데없이 참견하다가는 또 질질 끌려들게 된다. 이제 내가 알 일이 아니다.)

이윽고, 오나라는 수만 명의 병사를 소집하여 편성을 끝내자, 남쪽으로 향했다.

구천은 절강(浙江)을 건너 취리(橋李)까지 나와 맞아서 싸웠으나 패했다.

그러나, 결정적으로 패한 것은 아니다.

오군과 월군은 모두 싸움터에 머물러 대치했는데, 묘한 일로 결전하게 되었다.

〈좌씨전〉과 〈사기세가(史記世家)〉에 의하면 이러했다. 대진한 지 며칠이 지난 어느 날, 월군 진용에서 괴이한 일대(一隊)의 백명쯤 되는 사람이 나왔다. 갑옷 투구를 벗고 무기도 들지 않고 상복(喪服)을 입고 엄숙하게 걸어왔다.

오군은 놀라서 멍하니 보고 있었다.

괴상한 일대는 오군 진영 앞에 오자 옆으로 죽 늘어섰

다. 그 가운데 한 사람이 큰 소리로 외쳤다.

「오나라와 월나라의 두 왕께서 싸움을 하시려고 여기까지 납셨는데, 저희들은 군령을 어겨 죄인이 된 자들입니다. 다시 말해서 두 주군의 용감한 전투를 방해한 자들입니다. 그 죄는 절대로 가볍지 않습니다. 스스로 죽음을 택하여 여기에 사죄드립니다.」

말을 끝내자 일제히 품에 넣었던 단검을 뽑아 목의 동맥을 끊고 쓰러졌다.

한 대만이 아니다. 차례차례로 3대까지 나와, 똑같이 외치고 죽었다.

흰 상복에 뻘건 피를 흘리며 푹푹 쓰러지는 광경의 처절함은 형용할 수 없는 격렬한 것이었다. 월나라 사람이 재빠르고 죽음을 두려워하지 않는다는 것은 누구나 다 알고는 있었지만 〈죽음 보기를 돌아가는 것과 같이하다〉는 말 그대로인 이 정경에 오나라 병사들은 놀라고 어이 없어, 온몸의 소름이 끼쳐 멍하니 보고 있는데, 느닷없이 월나라 본대가 북을 요란하게 치며 함성을 질러대며 일어나더니, 오군을 향해 물밀 듯 몰려왔다.

월나라 사람의 깊이를 헤아릴 수 없는 포용(暴勇)을 두려워하는데다가 방심하고 있던 오군은 잠깐도, 지탱하지 못했다. 그대로 무너져 달아나기 시작했다.

합려는 격노하여 병사들을 붙들어 세우려 했으나, 이미 그때에는 월병이 빈틈없이 파고들었다. 그 중에서도 월군의 내부 영고부(靈姑浮)라는 자는 세모진 창을 높이 쳐들고 덤벼들었다. 그 기세가 너무나도 격하여, 합려는 말을 몰아 달아나려 했으나, 상대편은 바싹 뒤따라붙더니 창으로 찔렀다. 그 창끝이 합려의 엄지 발가락을 찔러 가죽신과 함께 베어 버렸다.

합려는 말 위에서 채찍을 휘둘러 있는 힘을 다해서 달아났다.

여름의 모피옷

합려는 싸움에 패한데다가 발의 상처가 몹시 아파서 병사들을 모아 철수하기 시작했는데, 후퇴해서 70리 지점에 있는 형(陘)까지 오자 상처가 아파서 꼼짝도 할 수 없게 되었다.

이상은 〈좌씨전〉에 의한다. 〈사기〉세가에서는 고소까지 퇴각했다고 되어 있다.

거우 엄지발가락 한 개를 잃었을 뿐인 상처였으나, 쿡쿡 쑤셔서 신하들이 조심성 없는 걸음걸이로 그 언저리를 돌아다니기만 해도 진동으로 펄쩍 뛸 만큼 아팠다.

행군을 멈추고, 추격하는 월군에 엄히 대비해 놓고 치료했다. 진중의(陣中醫)는 걱정스럽게 이맛살을 찌푸렸다. 이윽고, 만만치 않은 증세가 나타났다. 발가락을 잃은 왼다리가 퉁퉁부어올라 술항아리처럼 되더니, 불길한 색깔로 변하고 몹시 열이 났다.

오나라 왕이 된 후로 하는 일마다 성공하여 순풍에 돛단 기세로 여기까지 왔는데, 월나라와 같은 오랑캐의, 예전에는 오나라에 예속해 있던 나라에 이렇듯 참패하게 된 것이 합려는 분해서 견딜 수 없었다.

이 분함은 육체의 고통보다 더했다. 한층 더 상처를 아프게 하고 마음을 괴롭혔고, 그것이 또 분한 마음을 끝없이 부추겼다.

「반드시 이 원한을 갚아 주리라. 구천도 문종도 범여도 붙잡아 갈기갈기 찢어도 이 분은 풀리지 않겠다.」
라고 이를 갈았지만, 용태는 더욱더 악화될 뿐이었다.

마침내 의사는 종군한 중신들에게,
「생각지 못했을 정도로 중태여서 자신을 가질 수 없으니, 도성을 지키는 태자와 중신들을 불러오는 것이 좋겠습니다.」
라고 말했다. 그런 차에 합려가,
「나는 더 살기 어렵다. 몹시 지쳤다. 태자와 자서를 부르라.」
고 말했다.

급히 도성으로 사신이 달려갔다.

그로부터 사흘 뒤, 부차와 자서는 말 4필이 끄는 마차로 달려왔다.

합려는 쇠약할대로 쇠약해져 있었다. 두 사람이 머리맡에 있어도, 얼마 동안은 알아차리지 못하고, 금방 숨이 끊어질 듯 실낱같이 희미한 숨소리를 내며 잠들어 있었는데, 이윽고 문득 눈을 번쩍 떴다.

「아버님, 부차입니다.」

라고 말하며 부차는 아버지 앞에 얼굴을 내밀었다.

합려의 눈은 퀭하고 텅 비어 있었다. 멍하니 뜬 채, 괴로운 숨을 계속 쉬었다.

자서가 얼굴을 내미었다.

「전하, 자서입니다. 정신차리십시오!」

라고 외치고 눈물을 흘렸다.

멍청해 있던 합려의 눈에 갑자기 빛이 되살아났다. 필사적인 노력으로 자서를 빤히 바라보고 빙긋 웃으려 했으나 웃음이 되지 않고 사라졌다.

그리고, 짧게 말했다.

「……뒤를 부탁하오……나라를……」

부차가 또 얼굴을 내밀었다.

「부차입니다!」

라고 크게 외쳤다.

「……부차냐, 너는 월나라 사람이 너의 아버지를 살해했음을 잊어서는 안 된다.…… 나를 위해서는,…… 아무 것도 할 것 없느니라.…… 다만 월나라를 쳐서, 군신을 모두 함께 수레에 매달아 찢어 죽여라.…… 부차야,너는 월나라 사람이 아버지를 죽였다는 사실을…….」

계속해서 중얼거렸지만, 더 이상 알아들을 수 없었다. 눈은 또 알맹이 없이 멍청해 졌다.

「아버님!아버님!」

조금씩 멀어져 가는 것을 되불러 모으려는 것처럼 부차는 차츰 목소리를 높여 불렀으나, 합려는 대답이 없었다. 공허한 눈으로 입술을 움직여 또렷하지 못한 목소리로 계속 중얼거리더니, 갑자기 고개가 푹 꺾어지더니 어느 사이에 숨이 끊어졌다.

합려의 유해는 오나라 도성으로 돌아와 성대한 장례를 치르고 묻혔다. 그 무덤은〈월절서(越絶書)〉에 의하면, 오나라 도성의 창문(閶門)밖에 만들어졌다고 한다.〈오월춘추〉에 이문은 서북쪽인 초나라 방향을 향한 문이라고 쓰여 있다. 자연의 언덕을 이용한 것이 아니라 10여만 명을 동원하여 임호(臨湖)의 물이 흘러나가는 어귀에서

흙을 실어다가 이룩했다고 한다. 쌓기 시작하여 사흘째
되는 날, 그 흙더미 위에 하얀 호랑이가 앉아 있었으므
로, 무덤의 이름을 호구(虎丘)라고 지었다 한다.

언덕 아래에 넓이 60걸음, 깊이 1길5자의 못을 파고,
유해를 넣은 관은 세 겹으로 만든 구리로 된 외관(外棺)
속에 넣고, 옥부(玉鳧)라고 이름이 붙은 검과 편제(扁諸)
라고 이름이 붙은 검 각각3천자루, 시모(時耗),어장(魚
腸)의 검 등을 부장했다.

굉장한 후장(厚葬)이다. 흔히 동양의 후장은 유교의 영
향이라고 하지만, 이 시대는 유교의 개조(開祖)라고 불
려지는 공자(孔子)가 살아 있을 때이다. 그 가르침은 아
주 일부 사람이 믿고 있었을 뿐으로, 아직 세상의 신앙
이 되지는 않았다. 후장은 중국 민족 고유의 풍습이라는
것을 미루어 알 수 있다. 또 유교는 공자 자신도〈꾸며서
말하지 않는다〉고 말했듯이 공자가 창작한 것이 아니라,
중국 민족의 예로부터 내려오는 생활의 지혜인 풍속 관
습, 도덕을 정리하여 가르침으로 삼은 것이라는 것도 알
수 있다.

장례날, 손무는 손가둔에서 나와 장례에 참석하여 무
덤 앞에서 슬피 곡했을 뿐만 아니라, 무덤 한 옆에 오두
막을 짓고, 며칠 동안 무덤을 보살피다가 돌아갔다.

부차는 아버지의 복수전을 결의하고 참모들과 함께 밤
낮으로 계략을 짜고 병사들을 단련했다. 그 뜻을 철저히
하기 위해 신하들이 그의 거실에 드나들 때에는 반드시,

「부차여, 당신의 아버지가 월나라 사람에게 살해된 것
을 잊어선 안 된다!」

라고 소리치게 했다. 합려의 마지막 말을 하게 한 것이
다. 거기에 대해 부차는,

「결코 잊지 않겠습니다. 3년 뒤에는 반드시 원수를 갚
겠습니다.」

라고 대답했다. 백비를 태재(太宰)에 임명했다.

이 소문이 손가둔에 전해지자, 손무는 눈살을 찌푸렸
다. 그는 부차가 태자가 될 수 있었던 것이 자서의 힘이
라는 것을 잘 알고 있다. 자서가 부차를 위해 합려를 설
득하지 않았다면, 부차는 지금 오나라의 왕위에 앉을 수
없었을 것이다. 자서의 은의를 잊지 않았다면, 자서를
태재에 임명해야 한다. 자서에게 그만한 재간이 없다면
모르되, 자서는 재간이 넘치는 사람이다. 오나라 신하로
서 선배이기 때문이기도 했다.

(백비가 새 왕의 보비위를 잘했을 것이 틀림없다.)

라고 생각했다.

(당연히 새 왕과 자서 사이의 원만하지 못하고, 자서와

백비 사이도 불화가 생겼을 것이다.)

이렇게 판단했다.

(백비는 초나라에서 아버지가 살해되어 자서에게 의지하여 이 나라로 망명해 왔다. 그리고, 자서가 주선해서 전왕 합려가 받아주어 영달했다. 자서로서는 먹여 기르던 개에게 손을 물린 것이다. 몹시 못마땅할 것이다.)

손무는 이렇게 자서를 동정했다. 도성으로 올라가 위로도 해주고 충고도 하고 싶었다. 그러나, 이런저런 일로 바쁘기 때문에 하루 또 하루 미루는 동안에 손무가 몹시 사랑하는 여자노예가 아들을 낳았다.

60살 가까운 나이가 되어 처음으로 얻은 아들인데다가 토실토실하고 잘생긴 아기였으므로, 손무는 아기에게 정신없이 빠졌다. 자서에 대한 일 따위는 까맣게 잊었다. 아이의 이름을 치(馳)라고 지었다. 치는 부모의 한결같은 사랑을 한몸에 받았다.

사랑스러워 견딜 수 없었다. 잠깐도 곁을 떠나지 않게 할 정도여서, 논밭을 돌아보러 갈 때에도 교자에 태워 노예들에게 떠메게 하여 데리고 다녔다.

태어난 지 반년쯤 지나, 아기가 까만 눈으로 손무를 빤히 바라보면서 침을 튀기며, 자기만이 알고 있는 말로서 자신을 얼러주는 사람에게 옹알옹알 이야기를 하게 될 무렵 어느 날, 자서가 미행(微行)으로 손가둔에 왔다.

그 때, 마침 손무는 아기를 안고 뜰을 천천히 걷고 있었는데, 하인이 달려와 자서가 왔음을 알리자, 그대로 문 쪽으로 돌았다.

자서는 옛날에 떠돌이로 있던 때와 같이 큰 칼을 비스듬히 등에 지고, 따르는 시중꾼도 없이 문앞에 서서 감개무량한 듯이 주위를 둘러보고 있었다. 옛날 일을 생각하는 듯했다. 자서도, 지금은 머리카락이나 수염이 반이나 세었다. 예전에는 잘어울려 그야말로 패기와 기개가 넘치던 떠돌이 모습이 사라지고, 이제는 보기에도 비참했다.

아기를 안은 채 소탈하고 구애됨이 없이 다가오는 손무를 눈을 가늘게 뜨고 보며 조금 의아하다는 표정을 지었다. 자서는 갑자기 그것이 손무임을 깨달은 듯,

「여어, 손선생이시구료.」

하면서 다가왔다. 걸음걸이는 아직도 정정했다.

「잘 오셨습니다. 자서공.」

두 사람은 선 채로, 오랫동안 소식 전하지 못했음을 서로 이야기했는데, 그러는 사이에도 자서는 이따금 의아한 눈으로, 손무가 안고 있는 아기를 보았다.

손무는 자서를 객실로 안내하면서 말했다.

「이 아이는 내 아이요. 이 나이에 처음으로 얻은 아들
이지요.」
하고 말했다.
「허어! 그거 참으로 좋은 일입니다.」
라고만 말했다. 어지간히 놀란 모양이었다. 나란히 걸으
면서 몇 번이나 아이를 들여다보았다. 어린 아이는 처음
으로 보는 이 아저씨를 신기해 하는 것 같지도 않고, 언
제나 보는 사람을 대하는 것처럼 웃으며, 알아 들을 수
없는 말로 옹알거렸다.

자서는 어떻게 응대해야 좋을지 알 수 없어 그냥 미소
짓고 있었는데, 그 미소는 울다가 웃는 것 같았다.

손무의 가슴을 스친 생각이 있었다.

(자서공께서도 자손들은 있으니까 부자의 정은 아실
터인데, 아무래도 성격이 너무 엄하시다. 젊었을 때에는
너무 심할 정도로 엄한 사람도 나이를 먹으면 대부분은
부드러워지는 법인데, 더욱더 엄하고 심해지신 것 같다.
남들처럼 모나지 않고 원만해지셨다면 남들이 두려워
멀리하지 않을 뿐만 아니라, 사랑하고 따르게 되었을 터
이고, 그 운명도 오늘과는 달라졌을 것인데, 성격이라는
것은 어쩔 수 없는 것이군….)

자서가 불쌍했다. 가까이 온 종에게 아기를 데려가게

한 다음 객실로 들어갔다.

자리가 정해지자 자서가 말했다.

「알지 못했으므로 축하드리지도 못하고, 실례했습니다. 그러나, 선생께서 나쁩니다. 어째서 알려 주시지 않으셨단 말입니까?」

「너무 나무라지 마십시오. 본디의 은자(隱者)로 돌아와 있는 몸, 나라의 큰 일로 언제나 바쁘신 마음을 조금이나마 번거롭게 해 드리고 싶지 않았던 것입니다. 아니, 이건 정말입니다.」

「그건 너무 서먹하구료. 선생과 소인 사이는 그런 것이 아니었을 텐데요.」

「정말 미안합니다….」

손무는 술과 안주를 내어 대접했다.

자서는, 부차가 월나라를 쳐서 설욕할 결심을 갖고 빈틈 없이 준비를 진행시키고 있다는 말을 했다.

「그래요? 아! 그렇군요.」

손무는 이렇게만 말하고 귀기울였다.

「준비는 거의 갖추어졌는데, 한 가지 불안한 것은, 월나라 쪽에는 대부 문종을 비롯하여 범여, 고여(皐如),계예(計猊)등의 인물이 있는데 우리 쪽에는 인물이 없는 일입니다. 아실 것이지만, 문종이나 범여도 본디는 초나라 사람입니다. 나보다 나이가 적으니까, 내가 초나라에 있을 무렵에는 그 이름은 아직들리지 않았지만, 그 뒤 이 나라로 와서 벼슬하게 된 뒤로 그 이름을 듣게 되었습니다. 나는 그들이 초나라에서 중용되지 않아 나라를 떠났다는 말을 듣고 이 나라에 오면 전왕께 추천할 생각이었는데, 둘 다 이 나라를 그냥 지나쳐 월나라로 가 버렸지요. 둘 다 상당한 인물로, 그 중에도 특히 범여는 뛰어난 장수로서의 재주가 있다고 합니다. 취리에서 월나라가 전왕을 이긴 희한한 계책도 범여가 세웠다고 합니다. 죽을 죄를 지은 죄인들에게 이러이러해서 죽는다면 남은 유족들에게 깊이 보답하겠다고 약속하여, 기발한 계책으로 이 쪽의 간담을 서늘케 한것입니다. 이런저런 일로 참으로 불안스러워 견딜 바 없습니다. 다시 한번 선생께서 나오셔서 힘을 빌어 주시기를 바라, 이렇게 찾아온 것입니다.」

자서는 간절히 설득했다.

손무는 자서가 찾아왔다는 말을 들었을 때부터 대강 짐작했었다. 자서의 마음이 지금 말한 것만이 아니라는 것도 짐작하고 있었다. 자서는, 예전에는 자기가 보호해 주었던 백비가 한발 앞선 것에 조바심하고 있었다. 공명을 세워 그것을 만회하고 싶은 것이다. 가엾게 여겨지긴

했지만, 명리를 다투는 마음이 불쌍했고 천박하게 여겨졌다.

미소 지으며 말했다.

「말씀은 잘 알았소이다만, 이미 소인과 같은 늙은이가 나설 때가 아닙니다. 오경과 같은 명석하고 슬기로운 분에게 새삼 말씀드리기는 낯간지러운 일이지만, 사람과 세상의 만남의 미묘한 것이 있지요. 어떤 시기에는 크게 유용하여 매우 쓸모가 있었던 사람이라도, 그 시기가 지나 다음 시기로 옮겨지면 쓸모가 없습니다. 사철의 의복과도 같은 것이지요. 봄에는 봄옷, 여름에는 베옷, 가을에는 가을옷, 겨울에는 모피옷, 철따라 제것이어야 쓸모가 있지요. 아무리 비싸고 아름답다 해도, 여름의 모피옷은 곤란하지요. 사철은 해마다 돌아오지만 사람의 세상은 돌아가는 것이 아니겠소. 소인이 할 일은 끝났습니다. 소인은 세상 일을 잊고 싶고, 세상 사람들도 소인을 잊어 주기를 바랍니다. 사람은 목숨이 남아 있는 한 살아가야 하지만, 될 수 있는대로 세상과 접촉을 적게 하여 스스로의 삶을 이어갈 만큼만 접촉하고 싶은 생각입니다.」

거절하기 위해 생각해낸 말이 아니라, 언제나 본심으로 생각하던 일인데, 이 경우 자서에게 은연 중 충고하는 뜻도 담았다고 생각했다.

　그러나, 자서는 그것을 알지 못한 모양이었다. 우리가 서로 노력하여 전왕을 도와 이만큼 이룩해 놓은 오나라가 조금만 잘못하면 멸망할지도 모를 때다. 부차왕과 그 총신들은 예전 일을 설욕할 생각에 조급할 뿐 치밀한 생각까지는 못하고 있다. 그럴 위험이 충분히 있다. 혼자서는 도저히 막을 길이 없으니, 부디 나와서 힘을 합쳐 주기 바란다는 애절한 설득이었다.

　자서와 같이 현명한 사람도 현실 세계에 서서 권세와 명리를 좇아 미친 듯이 뛰노라면 눈이 어두워져서 사람에게 가장 소중한 것이 보이지 않게 되는 것인가. 손무는 마음 속으로 탄식했지만 더 이상 말해도 헛된 일이라고 생각했다. 오히려 화나게 하여 원한을 품게 할지도 모른다고 생각했다.

　「공의 심정은 잘 알겠습니다만, 나로서는 이제 다시는 세상에 나갈 생각이 없습니다. 옛날 내가 한때 세상에 나가 활동한 것도 내 본뜻이 아니었다는 것은 공께서도 잘 아실 것입니다. 이렇게 늙었으니, 이제는 거추장스럽기만 했지, 결코 도움이 되지 않는다는 것을 알면서, 어찌 다시 세상에 나갈 수 있으리까? 그러나, 모처럼 귀공께서 이렇듯 찾아와 주셨으니, 꼭 한 마디만 생각난 것을 말씀드리겠습니다.」

손무는 자서의 술잔에 술을 따라 주고, 자신의 술잔에
도 가득 채워 건배한 뒤, 말을 이었다.

「부차왕께서 월에 대한 복수전을 계획하여 열심히 병사
들을 조련하고 경계를 철저히하고 계시다는 것은 소인
들의 귀에까지도 들어온 참이니까, 물론, 원망도 듣고
있겠지요. 월왕은 나이가 어리고 또한 지난 번 싸움에
합려왕만한 사람을 이겨 죽게 만든 만큼, 반드시 오만해
져서 오나라를 상대하기 쉽다고 보고, 그 쪽에서 공격해
올 것입니다. 말씀하신대로, 대부 문종과 장군 범여는
지혜가 뛰어난 사람들이므로 한 번 두 번 거듭해서 경거
망동하지 말라고 간하겠지만, 도저히 누를 수 없을 것입
니다. 신하들의 간언을 들어 생각을 멈춘다면, 일을 꾸
며서 도발하는 것입니다. 글쎄요, 지금 언뜻 생각난 일
인데, 태호를 배로 건너 남으로 내려가 곧 월나라의 서
북쪽으로 향하는 기세를 보여 주는 것도 한 가지 방법이
겠지요. 그다지 많이 보낼 것은 없습니다. 오류천 명이
면 족하겠지만, 빼어난 병사로, 되도록 기병이 좋겠습니
다. 그렇게 되면, 구천은 누가 뭐라고 간하건 이것을 쫓
아 버리고 멀리 달려나가 오나라 도성을 공격할 생각을
하게 되어 떨쳐 일어날 것입니다. 그러면, 이 쪽에선 주

력으로서 동쪽으로부터 남으로 내려가 곧 회계를 덮칠 형세를 보여 주는 것이지요. 구천은 당황하여 되돌려 대항해 올 것인즉, 처음의 기병대는 이를 뒤쫓는 것입니다. 맞붙어 싸우는 것은 되도록 피하는 것이 좋겠습니다. 빠른 발을 이용하여, 적이 싸우려 들거든 얼른 물러나고, 적이 행군을 시작하면 쫓는 것입니다. 모기나 파리가 날아갔다가는 다시 날아와 소나 말을 귀찮게 하듯이, 방심하면 언제 덮쳐올지 모른다고 마음을 흩뜨리는 데 목적이 있는 것이니까요. 얼마 뒤, 월나라 군사는 오나라 군사 본대와 접촉하여 전투하게 되는데, 기병대는 급하게 공격하지 않고 군의 위용을 더욱더 왕성하게 하고 북을 치며 함성을 지르게 하여 적의 불안함을 충동시켜야 합니다. 월군은 반드시 동요하여 전면의 적과 필사적으로 싸울 생각을 하지 않게 됩니다. 그 때, 기회를 보아 돌격합니다. 월군은 반드시 패하여 달아날 것입니다. 이 때 무엇보다도 주의해야 할 것은 적의 퇴로를 막지 말아야 한다는 점입니다. 퇴로를 막아 버리면 막다른 골목에 들어간 쥐가 돌아서서 고양이를 물 듯, 뜻밖의 결과로 역전될 것입니다. 패하여 달아나는 적병에게는 거의 전투력은 없으니까 어디까지나 집요하게 바짝 추격하여 완전히 숨을 끊어 버려야 합니다. 싸움은 그들

편에서 걸어오게 하는 것이 첫째, 퇴로를 막지 않는 것
이 둘째, 추격하여 완전히 숨통을 끊는 것이 셋째, 이것
만 잊지 마십시오. 이 정도로 용서해 주십시오.」

떠나는 사람들

월왕 구천의 생김새는〈장경오훼(長頸烏喙:목이 길고 까무귀의 부리같다)〉라 한다. 까마귀는 검정색을 뜻하며, 부리는 입술이다. 아마 목이 길고 입술 빛깔이 거무스름하게 나빴던 듯하다.

이렇게 생긴 사람은 불우한 동안은 다른 사람과 사이좋게 지낼 수 있지만, 점점 성공하여 번영하게 되면 더이상 함께 사귈 수 없게 되는 성격이라고〈사기〉에 적혀있다. 본디 시기하고 의심이 많으며, 독점욕이 강하다는 것이리라.

이 인상학의 풀이가 타당한지 어떤지는 알 수 없다. 밑바닥에서부터 조금씩 쌓아올려 성공한 자에게는 이런

사람이 많다. 한나라의 고조도 그러했고, 소련의 스탈린
도 그러했지만, 두 사람의 목이 길고 입술이 검었다는 말
은 듣지 못했다. 그러나, 구천의 생김새가 목이 길고 입
술이 거무스름했다는 것은 믿어도 좋을 것이다.

구천은 오왕 부차가 부왕의 복수전을 계획하여 밤낮으
로 준비를 진행하고 있다는 말을 듣자, 참모들을 모아
의논했다.

「오나라가 이러저러하다는 것은 경들도 이미 알고 있
는 것이오. 늦어지면 다른 사람에게 지배받을 것이고,
앞서면 다른 사람을 지배한다 하오. 손쓰기를 미루면 그
의 군세는 더욱더 정비될 뿐이오. 과인은 그가 일어서기
전에 이 쪽에서 먼저 격파하고 싶소.」
하고 구천이 말했다.

범여가 일어나 절하고 말했다.

「오나라가 선왕의 설욕을 하려고 여러 가지 준비를 하
고 있다는 것은 신들도 듣고 있습니다. 그러므로, 대왕
께서 이를 치려고 결심하신 일은 진정으로 옳은 일로 생
각합니다. 그러나, 싸움에 있어서 무엇보다도 중시해야
하는 것은 도의입니다. 왜냐하면, 도의를 저버리는 일은
하늘이 이를 허용하지 않기 때문입니다. 신은 이렇게 들
었습니다. 무기는 길하지 못한 것이며, 싸움은 덕에 항

거하는 일이며, 싸움은 인간의 근본에서 가장 벗어난 일이라고 덕에 항거하는 일을 하려고 길하지 못한 무기를 써서 근본을 벗어난 일에 한 몸을 건다는 것은, 그 어느 것도 하늘이 칭찬하는 바가 아닙니다. 신은 전하를 위해 좋은 결과가 되리라고 생각할 수 없습니다. 신은 병사(兵事)를 좋아하는 주군 치고 끝이 좋았던 사람의 이야기를 들은 일이 없습니다. 나라는 쇠약하고, 백성이 배반하지 않으면 창칼에 목숨을 잃거나, 혹은 황야에서 굶주려 죽습니다. 초나라 영왕(靈王)은 어떠했습니까? 제후들이 회맹하여 제나라의 망명자 경봉(慶封)을 오나라의 주방(朱方)에서 베어 버리고 쉴새없이 여러나라를 치고, 쉴새없이 이겨, 마음이 교만해져서 주나라 왕실에서 제후의 선조니 모두 주나라로부터 보배로운 그릇을 받았으나 우리 초나라만 받지 않았으니, 바라건대 구정을 달라고 요구하여 천자를 곤혹케 한 일이 있었던 것은 전하께서도 잘 아실 것입니다. 그 번성했을 때 그 말로가 비참하리라는 것은 누가 상상했으리까. 나라 백성들은 말할 것도 없고, 또한 동생인 공자들조차 거들떠보려 하지 않아 왕이 도성에서 멀리 떠나 있는 별궁에 가 있을 때, 반란이 일어나 도성으로 돌아오지도 못하고 따르던 시종들도 달아나 버려, 오직 혼자 황야를 헤매다가 마침내 굶어 죽지 않았습니까. 병(兵)을 좋아한 결과입니다.
가장 가까이에서 보건대, 오나라의 합려는 어떻습니까.
초나라를 격파하여 영을 함락시키고 우리 월군을 격파
하여 북쪽의 제나라·진나라를 겁먹게 했을 때에는 천
하를 모두 제패했다고 우러렀으나, 우리 선왕의 상(喪)
때를 틈타 우리나라에 병사를 보내는 어질지 못한 짓을
했기 때문에 하늘이 이를 벌하여 취리의 싸움에서 창에
찔려 죽지 않았습니까. 이것은 전하께서 친히 보신 일입
니다. 하늘이 싸움을 좋아하는 자를 미워한다는 것은 이
처럼 명백합니다. 싸움은 부득이할 때 비로소 하는 것이
라고 신은 들었습니다. 다시 말해서, 천자가 따르지 않
는 자를 정벌함에 있어 출병을 명령하는 경우가 그 하나
요, 다른 나라가 우리나라를 침범하는 경우가 둘째요,
나라가 패하여 주군이 욕을 당한 경우가 그 셋째입니다.
이번에는 그 중 어떤 경우에 해당한다고 생각하셔서 출
병하려 하십니까?」

　범여의 말은 웅변이었으며, 또한 매우 정성이 넘쳤다.
　구천은 말없이 듣고 있더니, 쓸쓸한 웃음을 띠고 말했
다.
　「오나라의 부차가 전쟁 준비를 진행하고 있는 것은 셋
째 경우에 들어맞아 옳다는 말이구료.」

빈정대는 말투였으나, 범여는 끄덕도 하지 않았다.

「그렇습니다. 그는 거역하지 않고 있는 것입니다. 그러나, 멀지 않아 거꾸러 바뀔 것입니다. 그 때야말로 하늘이 우리에게 싸움을 허락하는 것입니다. 간절히 그 때를 기다려 주십시오.」

구천은 출병을 단념했다. 쳐들어올 때에 대비하여 맞아서 싸울 준비만 진행하게 했다.

그로부터 얼마 뒤, 오군이 월나라 서쪽 국경 가까이에 있는 부춘, 아득히 남쪽에 출몰한다는 보고가 들어왔다. 오군은 단숨에 회계를 찌르려는 모양으로 절강 건너편 기슭 지대를 오르내리며 열심히 정세를 엿보고 있다는 것이었다.

때는 왔다!

월나라의 신하들은 활기를 띠기 시작했다.

구천은 곧 출동하여 짓밟아 버리겠다고 했다.

범여가 또 간했다.

「신이 보는 바로는 그 오병은 싸울 생각은 없는 것 같습니다. 보고에 의하면 기마병 겨우 5천에 지나지 않으며, 우리나라에는 한 발도 들여놓지 않았습니다. 절강 건너편에서 남으로 갔다 북으로 갔다 하고 있을 뿐입니다. 이는 생각하건대, 우리쪽을 불러내려는 미끼일 것으

로 여겨집니다. 미끼에는 반드시 함정이 숨겨져 있는 법입니다. 그 함정이 무엇인지 확인되지 않는 이상 출병하는 것은 경솔합니다.」

「경은 적이 우리를 침범할 경우, 군사를 내보내는 것은 하는 수 없는 행위의 하나이므로 하늘이 허락하는 바라고 과인에게 말했소. 과인은 그 침범을 미리 막기 위해 절강 기슭까지 나가려는 것이오. 하늘이 어찌 허락하지 않겠소.」

「그러나, 적에게는 함정이 있습니다.」

「함정은 한 가지만이 아니오. 함정이 있는 것처럼 보이게 하여 이 쪽을 꼼짝하지 못하게 하는 것도 함정이 아니겠소. 과인은 이미 결단했소. 재론하지 마오!」

엄하게 잘라 말했다.

구천은 범여와 문종을 도성에 남아 지키게 하고 정예병을 이끌고 서남 국경지대로 향했다.

오군은 월군이 도착하자 충돌을 피하여 강을 건너려는 것처럼, 어떤 때는 상류로 향하고, 어떤 때는 하류로 내려갔다. 이러한 오군의 움직임은 모두 손무가 오자서에게 일러 준 전략에 의한 것임은 말할 나위 없다.

구천은 격노했다.

「오병이 겁 많고 약하다는 것은 과인은 잘 알고 있다. 단숨에 공격하라!」

이렇게 명령을 내리고, 전군이 일제히 절강을 건넜으나 오군은 전혀 싸우지 않고 달아났다. 월군은 추격했다. 그러나, 뛰어난 준마만 뽑아낸 말을 타고 달아나는 오병을 좀처럼 따라 잡을 수 없었다. 따라잡기를 단념하고 군을 돌리려 하자, 어디로 해서 왔는지 돌아와서 나타났다. 월군은 명령에 따라 이리뛰고 저리 뛰다가 지쳐 버렸다.

(혹시 계략에 빠진 것은 아닐까?)

불안함이 구천의 가슴에 싹트기 시작했을 때, 오나라의 대군이 곧장 취리를 향해 남하해 오고 있다는 보고가 들어왔다.

(아차!)

구천은 마음 속으로 신음했으나 주저하지 않았다. 오나라의 기병대를 칠 계획을 버리고 북쪽으로 향했다. 이것이 주력이니까 이것만 격파한다면 기마대 따위는 그대로 흩어지고 말 것이라고 판단했던 것이다.

오군은 기마대도 본군도 손무가 일러준 작전계획대로 행동했다. 기마대는 접촉을 피하면서 월군의 뒤를 밟아가서 그 움직임을 견제하고, 본군은 한결같이 빠르게 남쪽으로 내려갔다.

월나라 군사는 도저히 오나라 땅에서는 오나라 군사를 막을 수 없다고 보았으므로 자기네 나라 안으로 물러나 부초(夫椒)에서 오군을 맞으려 했다.

이 부초가 지금의 어디였는가는 잘 알 수 없다. 가장 오래 된 설로는 태호 속에 있는 포산(包山)이라는 섬이지만, 그렇다면 이야기의 앞뒤가 맞지 않는다.〈좌씨회전(左氏會箋)〉에서는, 월나라의 어떤 지점이어야 한다고 하므로 그것을 믿고 싶다. 아마도 회계와 절강 사이에 있었을 것으로 여겨진다.

얼마 뒤, 오군이 이르러 결전하게 되었는데, 월군은 뒤를 밟아온 오군 기마대에 끊임없이 위협받아 마음이 동요되어 결전에 전념하지 못해 전군이 마침내 패하여 달아났다.

오군은 손무가 가르쳐 준대로 적의 퇴로를 막지 않고 몰아 내었으므로 월군은 더욱더 달아날 마음이 생겨 산산이 찢어지고 흩어져서 패주했다.

오군은 끝까지 구천을 죽이려고 뒤쫓았으므로 구천에게는 겨우 본진의 무사 몇만 남게 되어, 하마터면 잡힐 뻔했다. 살아 난 것은 범여와 문종이 5천 명의 군사를 이끌고 회계에서 달려왔기 때문이었다. 구천은 그 5천명의 군사를 이끌고 회계산으로 도망쳐 들어갔다.

회계산은 회계 서남쪽에 있는 산이다. 외따로 있는 산이 아니라 많은 산이 떼지어 모여 있으므로 회계산괴(會稽山塊)라고 하는 편이 알맞다. 이 산기슭은 큰 바위가 많고 올라감에 따라 풀이 많이 나 있고, 더욱이 나무숲이 많아진다고 한다. 골짜기를 흐르는 계류가 많으면 그 계류에는 금과 옥이 많이 난다고 한다. 이 산은 훨씬 옛날에는 회계(會計)라고 쓰기도 했다 한다. 하(夏)나라 우왕(禹王)이 여기에 천하의 제후들을 모아 여러 가지로 정치상의 일을 계획했다 하여 이런 이름이 생긴 것이라고 전한다.

구천은 5천 명의 군사로서 산에 틀어박혔으나 험준한 산이었으므로 오군도 급하게는 어떻게 할 수 없었다. 산기슭을 단단히 수비하고 있을 뿐이었다.

월나라로서는 언제까지나 산에 틀어박혀 있을 수는 없었다. 양식이 없어지는 것이 눈에 보이고 있다. 구천은 원통한 듯 범여에게 말했다.

「과인은 경이 간하는 말을 듣지 아니하여 이런 대패를 맛보았으며 씻을 수 없는 굴욕을 당했소. 자결하려오.」

범여가 두 번 절하고 간했다.

「남자로서 이만한 치욕을 당했다 하여 헛되이 스스로

목숨을 끊을 수 있습니까? 살아남아 설욕할 마음을 가지
셔야 합니다.」

「과인도 그렇게 생각하지 않는 것은 아니오. 그러나,
어떻게 살아남을 수 있겠소. 그렇게 할 수 없으니까 죽
음으로써 몸을 더럽히지 않으려는 것이오.」

「신은 이렇게 들었습니다. 찬(滿) 것을 오래 계속해서
가지려면 천도를 지켜 어긋남이 없어야 하며, 기울어가
는 국운을 다시 일으켜 세우려면 신하와 백성의 마음을
얻어 함께 노력해야 하며, 재산을 쌓으려면 땅의 힘에
의하여야 한다고 합니다. 오늘의 일은 이 두 번째의 상
당하는 일인데, 그러려면 먼저 전하께서 오나라의 용서
를 받아야 할 것입니다. 사람을 골라 사신으로 보내어
말을 낮추고 예를 후히 하여 오왕에게 선물을 후하게 주
고 탄원하십시오. 만일 오왕이 허락할 것 같지 않거든
대왕 스스로 오왕의 신하가 되고, 부인께선 오왕의 비첩
(婢妾)으로 모시겠다고 말씀하십시오. 이렇게까지 하시
면 어째서 용서치 않겠습니까?」

단호한 말이다. 적어도 한 나라의 왕으로 우러르며 왕
비로 우러르던 몸더러 적국의 신하가 되고 첩이 되라는
것이다. 구천은 격분한 듯 입을 다물고 있었다.

범여는 아주 냉정하게 계속했다.

「현기증이 날 만큼 센 약이 아니라면 중병에 효력이 없다는 옛날 속담이 있습니다. 이번 일은 가장 과감한 방법을 쓸 필요가 있습니다.」

「그렇겠군. 그렇겠어. 그렇지…….」

구천은 신음했다.

「고맙습니다. 어려운일을 용케도 결단을 내려주셨습니다. 신은 반드시 훗날 온 천하가 전하를 패자(覇者)로 우러르게 하겠습니다. 그러시면, 사신으로는 누구누구를 말하는 것보다 대부 문종이 적임일 것입니다. 문종이라면 반드시 이 막중한 대임을 해낼 것입니다.」

문종이 올 때까지 구천은,

「과인은 자살도 할 수 없을 만큼 분하다.」

이렇게 탄식했다.

「그러실 것입니다.」

비로소 범여의 눈에 눈물이 글썽였다. 그러나, 곧 눈물을 거두고 말했다.

「오나라의 태재(太宰) 백비는 탐욕스러운 자입니다. 이익으로서 꾀면 반드시 움직입니다. 또한, 이 항복을 받아들이는 일에 오자서는 틀림없이 크게 반대할 테지만, 오히려 그것이 우리에게 좋습니다. 오자서와 백비의 사이는, 부차가 오왕(吳王)이 된 때부터 세력 다툼으로

나날이 나빠져, 요즈음엔 최악이라고 합니다. 오자서가
왼쪽이라고 하면, 백비는 반드시 오른쪽이라고 주장할
것입니다. 게다가, 부차는 오자서의 강렬한 성질에 압박
을 느껴, 오자서를 멀리하고 있습니다. 신(臣)이 첩자를
풀어 자세히 알아보았습니다. 백비가 자서를 물리치고
태재에 임명된 것은 바로 그 때문입니다. 자서가 우리의
항복을 받아들이지 않으면 않을수록, 우리의 항복은 틀
림없이 받아들여질 것입니다. 결코 오랫동안의 인고(忍
苦)가 아닙니다. 기껏해야 2,3년 간의 인고입니다.」

이리하여 대부(大夫) 문종은 구천의 명을 받아, 범여와
충분히 의논을 한 뒤에 백기(白旗)를 들고 오의 진중(陣
中)에 가서 항복했다.

범여가 통찰한 대로였다.
오자서는 강렬하게 반대했다. 예로부터의 이런 경우의
예를 들어 가면서, 이 항복을 받아들여 구천을 살려 두
는 일은 지극히 위험한 일이라고 주장했다.
「하늘은 월을 오에 주었습니다. 하늘이 주신 것을 받지
않으면 화를 입는다는 옛말이 있습니다. 구천은 현군(賢
君)입니다. 문종이나 범여는 지혜로운 신하입니다. 만약
월의 항복을 받아들인다면, 후일, 그 화를 예측할 수조

차 없게 될 것입니다. 절대로 항복을 받아들여서는 안됩니다.」

오자서의 머릿속에는 완전히 숨통을 끊어야 한다고 한 손무의 말이 휘몰아치고 있었다.

그러나, 자서의 주장이 강경하면 할수록, 부차의 마음은 반대로 향했다. 그런데다가 백비가 한 몫 더 거들었다.

「대왕이시여, 만약 대왕이 구천의 항복을 받아들이지 않으신다면, 구천은 자포자기할 것입니다. 자포자기한 구천은 처자를 죽이고 대대로 이어 내려온 보기(寶器)를 불사른 다음, 남은 병졸 5천을 이끌고 죽기를 각오하고 돌격해 올 것입니다. 그렇게 되면, 우리의 손해도 결코 적지는 않을 것입니다. 구천이 신(臣)이라 칭하겠다고 하니, 월은 이미 대왕의 영지입니다. 구천을 용서하고 신하로서 부리시는 편이, 대왕께 훨씬 이로울 것입니다.」

부차는 백비의 말에 솔깃해졌다. 마침내 부차는, 구천 부처(夫妻)가 오에 와서 자신을 섬기는 것을 조건으로 하여, 구천의 항복을 받아들이기로 했다. 3월이었다.

1개월 후, 구천 부부는 부차의 신하로서 부차를 섬기기 위해, 뒷일을 문종에게 맡기고 범여를 데리고 오나라의 도성에 들어갔다.

구천 부부가 오나라의 도성에 들어온 후, 자서는 손무(孫武)를 방문했다.

손무는 이제 겨우 눈이 보이게 된 포동포동한 아기를 품에 안고 자서를 맞았다. 손무의 두 번째 아기였다.

그 모습은 병법의 대가(大家) 손무가 아니었다. 사람 좋은 시골 아저씨였다.

「또 태어났습니다. 이 녀석의 이름은 명(明)이라고 지었습니다.」

자서는 그 모습을 보자, 아무런 말도 하기 싫어졌다. 그래서 그저 세상 이야기를 하고 물러나오려 했는데, 사람이 어디 그런가. 자서의 가슴속에 쌓인 울분은 참기 어려운 것이 아니었던가. 자서는 결국 울분을 토해 내고야 말았다.

「선생의 가르침에 따라서 아시는 바와 같이 저희는 대승리를 얻었습니다. 월나라를 완전히 오의 것으로 만들 수 있었습니다. 그런데, 가장 중요한 일인 최후의 일격을 가하는 일이, 간사한 신하의 방해로 좌절되고 말았습니다. 필시 이 일은 장래 큰 화가 될 것입니다. 월이 10년 동안 백성을 길러 인구를 늘리고, 물자를 생산하는 데에 온 힘을 쏟으며, 병사를 훈련하여 다시 일어선다면, 오나라의 도읍은 늪지가 되고 거친 들판이 되어 버릴 것입니다. 우리가 선군(先君)을 도와 온갖 고생 끝에 이룩해 놓은 오나라가, 20년 안에 멸망할 것입니다. 저는 저 자신의 힘이 부족함을 탄식하지 않을 수 없습니다.」

답답한 마음을 토해내며 눈물을 흘리던 자서가 문득 손무의 모습을 보니, 기가 막혀 입이 다물어지지 않았다.

손무는 전혀 자서의 말을 듣고 있는 것 같지 않았다. 빨간 얼굴로 늙은 아버지를 올려다 보며 웃고 있는 아기를, 손무는 귀여워서 견딜 수가 없다는 듯이, 더러운 수염이 잔뜩 난 턱을 흔들며 어르고 있었다.

2년 후, 구천은 부차로부터 귀국을 허락받았다. 그리고, 다시 8년 후, 부차는 제나라를 토벌할 계획을 세웠다. 자서는 뱃속의 병(病)인 월을 젖혀놓고 멀리 북방으로 군사를 내보내는 것을 위험하게 생각했지만, 보통으로 간언(諫言)해서 자서의 말에 귀를 기울일 부차가 아니었다.

자서는 손무의 지혜를 빌기로 하여 손무를 찾아갔다. 그러나, 손무는 집에 없었다.

손가(孫家)의 지배인이 되어 있는 우길(牛吉)이 자서를 맞아 말했다.

「주인님은 벌써 오래 전, 그렇지, 월나라의 구천이 귀국을 허락받고 월나라로 돌아갔다는 소문이 떠돌던 무렵에, 세상이 귀찮아졌다고 하시며 마님도 아이들도 이곳에 남겨 두고 혼자 부춘(富春)의 영지로 가셨습니다. 때로 불쑥 돌아와 머물다 가시기도 하더니, 근 반년쯤 돌아오시지 않습니다. 그런데, 주인님은 정말 뛰어난 분이십니다. 70을 넘으신 분이, 재작년에 세 번째의 아기를 낳으셨지 뭡니까. 가끔 오셔서 잠깐 머무르시는 동안에 아기를 가지시다니, 정말 뛰어난 분이 아니십니까? 이번 아기님의 이름은 적(敵)이랍니다. 늙은이의 장애물이라고 적(敵)이라 했답니다. 적(敵)이라면 만들지 않았으면 좋았을걸, 우리 주인님은 늙어 가실수록 호색(好色)하시는 경향이 있으시다니까요. 소가 끊임없이 침을 흘리듯이, 언제까지나 멈추질 않으시거든요. 하하하….」

자서는 다음날 부춘에 가 보았으나, 부춘의 언덕 중턱에 있는 손무의 집은 황폐할 대로 황폐해져 있었다. 한여름이었다. 뜰에도 출입구에도 여름풀이 무성하게 자라 발 디딜 틈이 없었다.

언덕 아래 마을 사람에게 물어 보니, 손무는 취사나 세탁, 청소 같은 잡일을 시키기 위해 마을에서 열 두서너 명의 동자를 고용하고 있었는데, 반 년쯤 전에 그 동자들을 모두 집으로 돌려보내고 어디론가 사라졌다는 대답이었다.

자서는 잔뜩 실망하여 도성으로 돌아왔다.

부차가 오자서에게 검을 내리고 자살하도록 명령하였을 때, 〈나의 눈을 뽑아 동문에 걸어 두어라. 월나라 군사가 오를 멸망시키는 것을 나의 눈으로 똑똑히 보리라. 그리고, 나의 무덤에 개오동나무를 심어라. 그 나무가 커서 관재(棺材)가 될 무렵에 오가 멸망할 것이다. 나는 그것을 오늘의 일에 대한 답례로서 부차에게 주리라.〉하고 자서가 오의 멸망을 예언하고 죽은 것은, 그로부터 몇 개월 후였다.

부차가 황지(黃地)에서 제후들과 회맹(會盟)하고 패자(覇者)가 된 것이 그 다음다음 해, 그리고 9년 후에 구천에게 대패하여 항복하고자 했으나, 받아들여지지 않고 고소대(姑蘇坮)에서 자살했다. 회계산에서 항복이 있은 지 꼭 21년째 되는 해였다. 그 직후, 범여는 대부 문종에게 다음과 같은 내용의 편지를 보냈다.

「월왕은 괴로움은 남과 함께 하는 사람이나, 즐거움은 남과 함께 하는 사람이 아닙니다. 월왕으로부터 떠나는 것이 상책이다. 나는 떠납니다.」

범여는 그 길로 일족을 데리고 도망쳐, 제나라에 가서 서민이 되었다. 범여는 치이자피(鴟夷子皮)라 이름하고, 목축을 하여 큰 부자가 되었다. 제나라 사람들이 그의 현명함을 알고 재상으로 받든 바, 그 치적이 매우 훌륭했다. 얼마 후 범여는,

「나는 서민으로서는 막대한 부(富)를 이루었고, 관리로서는 경상(卿相)의 높은 자리에까지 올랐다. 보통 사람으로서 이 이상의 행운을 누릴 수 있겠는가. 행운은 극(極) 해서는 안 되는 것이다.」

라며 모든 재산을 다른 사람들에게 나누어 주고 도(陶)에 가 스스로 주공(朱公)이라 칭했지만, 거기에서도 곧 대부호가 되었다.

손무가 그 무렵까지 살아 있었는지 어땠는지는 소식이 묘연하여 알 수가 없다.

철새와 방문객

　수호전(水滸傳)은 소설이지만, 허구만의 작품이 아니다. 108명 호걸들의 수령으로서, 이 소설의 중심인물이 되고 있는 송강(宋江)은 실존 인물이다. 그들은 양산박(梁山泊)의 산채에 웅거한 도적단인데 이 지방은 지금의 산동성(山東省) 동림도(東臨道)와 제녕도(濟寧道)의 경계상에 있었다. 산동성의 제남(濟南)과 하남성(河南省)의 개봉(開封)과를 연결하는 선상의 중간, 황하(黃河)의 동쪽 연안에 양산(梁山)이라는 도시가 있는데, 양산박은 그 근처에 있었다.

　이 주위는 오늘날의 동아(東阿)와 복현(濮縣)과의 사이 지방인데, 전국시절, 동아의 주위는 아(阿)라고 불리우

고, 복현지방은 견(鄄)이라 불리웠기 때문에 그 중간 지
대는 아견(阿鄄)이라고 했다. 손빈(孫臏)은 여기에서
태어났다고 〈사기〉 열전에 기록되어 있다.

손빈의 호적에 관해서는, 〈사기〉에는 손빈이 손무(孫
武)의 자손이라고만 말하고, 몇 대째의 자손인지는 기록
되어 있지 않다.

손무의 권(券) 훨씬 앞쪽에서, 송나라 등명세(鄧名世)
의 〈성씨 변증서(姓氏 辨證書)〉의 설(說)을 인용하여,
손무의 호적을 소개했는데, 그 등명세의 설에서는, 손빈
은 손무의 손자라고 했다. 손무의 둘째아들 명(明)의 아
들이 손빈 이라는 것이다.

이런 계보가 된다.

이 설에 의하면 명은 아버지 무에게서 부춘(富春)의 영
지를 받아, 여기서 거주하며 빈을 낳았다는 것으로, 빈
이 아견에서 태어났다는, 〈사기〉의 설과 어긋난다. 그것
은 일단 제쳐 놓고라도, 무의 손자라는 것은 어떻게 된

것일까? 그것은 무가 활약한 시대와 빈이 활약한 시대와
는 약 150년의 간격이 있기 때문이다.

30년을 한 세대로 하는 것이 중국 고대의 상식으로, 세
(世)라는 글자도 삼십(卅)과 하나(一)를 합쳐서 된 것이
다. 150년이라면 5세대라는 계산이 된다. 그래서, 〈사기
〉의 설에 따라, 4세의 손자인지 5세의 손자인지,6세의
손자인지 알 수 없으니, 그냥 자손이라고 해 두는 편이
무난할 것이다.

이렇게 되면, 명이 부춘땅을 영유(領有)하고 있었다는
것도 의심하면 의심할 수 있겠지만, 이것은 명이 부춘을
영유하고 거기에 살았으나, 그 자손 대에 어떤 사정으로
부춘을 잃고 아견에 옮겨, 거기서 빈이 태어났다고는 해
석할 수 없지도 않다.

이 문장은 소설이니까, 이런 것에 구애될 필요는 없는
것이나, 그래도 마음에 걸리므로 미리 말해둔다. 이 소설
에서는 중국 고대의 상식, 한 세대를 30년으로 잡아 빈을
5세 손으로 치고, 또 부춘에 있는 손씨 집안이 어느 시대
인지, 부춘의 영지를 잃고 아견으로 옮겨가 살며 여기서
빈이 태어난 것으로 하여 이야기를 이끌기로 하겠다.

또, 빈의 본이름도 알 수 없다. 빈이란, 본디는 〈무릎의
종지뼈〉라는 뜻인데, 거기서 좀더 넓혀 〈압슬형(壓膝

刑)〉의 뜻으로도 쓴다. 그가 친구에게 배반당해, 이 형
벌을 받은 뒤로 붙여진 별명, 또는 자조하는 뜻으로 붙
인 이름으로 본 이름은 따로 있었을 것이나, 그것은 〈사
기〉가 쓰여진 무렵에는 이미 없어진 뒤였다. 또는 그가
태어난 집은 아견에서도 황하(黃河)는시대에 따라 갖가
지로 변천되어, 오늘날에는 그 무렵의 제수(濟水)가 황
하로 되어 있다)에 가까운 곳에 있었으므로, 물가라는
뜻으로 〈빈(濱)〉이라 이름을 지은 것이 아닐까도 여겨
지나, 결국은 모두가 추측에 지나지 않는다.

　이름이 없고는 소설에서는 곤란하기 때문에 〈빈(賓)〉
을 골자로 하는 글자 가운데 가장 아름다운 글자를 골라
〈빈(繽)〉이라는 이름으로 한다.

　북쪽에서 물새가 자꾸 날아갈 무렵이었다. 깊은 속까
지도 꿰뚫어 보일 듯한 맑은 하늘을, 날마다 헤아릴 수
없을 만큼 날아간다. 장대처럼 길게 늘어서 갈고랑이처
럼 늘어서서 부지런히 날아간다.

　제수(濟水)나, 그 일대에 흩어져 있는 냇물이나, 늪이
나 호수에서 쉬어가는 무리도 있다. 그러한 새들도 많
다. 어떤 늪에서는, 한창때가 지나 시들기 시작한 갈대
가 우거진 기슭 일대에서 물에까지 빽빽하게 덮힐 만큼

있어, 부리를 날개 밑에 넣고 잠들었거나, 부지런히 날개를 깨끗이 닦고 다듬는다. 물론 먹이를 찾는 녀석도 있다.

이 계절이 되면, 손씨 집안의 맏이인 빈은 집에 붙어 있지 않는다. 아니, 이 계절에는 특히 붙어 있지 않는다고 하는 편이 적당하다.

빈은 17세가 되었다. 마을에서 가장 부호이며, 몇 대(代)전에는 천하제일의 병법가로, 오나라의 명장군으로 가장 빛나는 무훈을 세운 손무를 낸 명가이기도 하여 이웃 마을 사람들에게서 존경받았고, 여러 대 사이에 가족은 모두 학문을 좋아하는 독서인으로 그 존경과 기대를 저버리지 않은 점잖고 온화한 사람들뿐이었으나, 빈은 그렇지 않았다.

우선 학문을 아주 싫어하고, 사냥이니, 낚시니, 씨름이니, 무술이니, 심지어는 도박까지 즐겨서, 날씨만 좋으면 집에 있는 일이 거의 없었다. 같은 또래 소년들을 이끌고 들로 산으로 놀러 다닌다. 말하자면 장난꾸러기 왕초이다. 이런 소년은 대부분 활동력이 넘쳐서 뒷날에 훌륭해지는 일이 많지만, 집안 식구들에게나 마을 사람들에게도 평판이 좋지 않았다.

(곤란해. 저래서 장차 어떤 놈이 될까! 지금에 이르기까

지 천하 사람들이 소중히 여기고 극구 칭찬하는 병법을 창안한 무(武)어른을 낸 집안도, 저 놈의 대가 되어 지탱하지 못하고 끝나게 되고, 무 어른의 높으신 이름을 더럽힐 것이다.)

집에서는 아버지가 한탄했고, 마을 사람들은,

(손씨 집안의 건달 자식. 주인님도 마님도 모두 온순하고 품위 있는 훌륭한 분인데다, 선조 대대로 손무 장군의 자손으로서 부끄럽지 않은 훌륭한 분들이었는데, 어째서 어버이를 닮지 않은 저런 망나니가 태어났을까?)

라고, 비난했다.

빈은 여러 가지 놀이를 좋아했지만, 그 중에서도 가장 좋아하는 것은 사냥이다. 고기잡이도 아주 좋아하므로 봄부터 여름에 걸쳐서는 낚시, 그물치기, 연못물 퍼내기, 긴 줄에 여러 개의 낚시 바늘을 달아 훑어 잡는 등, 차례로 잘도 해 나가지만, 그래도 가을에서부터 겨울에 걸친 사냥에 비하면 아무것도 아니다. 날마다 지치지도 않았다. 비가 오거나, 얼어붙을 듯이 추워도 간다. 하물며, 물새가 있는 철에는 말할 것 없다. 물새 철은 잘하면 20일이다. 뒤이어 끊임없이 날아와서는 며칠씩 묵으면서 피로를 풀고, 영양을 보급한 다음, 따뜻하여 수면이 얼어붙을 걱정이 없는 남쪽으로 떠난다. 물이 흐르는 것

과 같아서 언제나 다른 새가 있지만, 그래도 20일쯤 지나면 적어지고 한 달 뒤에는 거의 없어진다.

짧은 기간이다. 열심히 하지 않을 수 없다. 덫을 놓아 잡거나, 활을 쏘아 잡거나, 그물을 쳐서 잡는다. 어떤 때에는 낚기도 한다. 전날 늪이며 논에 박아놓은 말뚝에 튼튼한 줄을 매고, 낚시 바늘을 많이 달고, 낚싯밥을 달아 매어 놓으면, 날이 뿌옇게 밝기 시작할 무렵 먹이를 잡아 먹기 시작한 오리며 기러기가 꿀꺽 삼켜 버린다. 새는 모이주머니에 걸리는 바늘에 놀라 뱉아 내려고 하지만, 한 번 걸린 바늘은 튼튼해서 절대로 빠지지 않는다. 몸부림치면 아프다. 울어도 아프다. 고통을 피하려면 얌전하게 가만히 있을 수밖에 없다. 웅크려 앉은 채 꼼짝도 하지 않으므로 주위의 한패들이 놀라게 하지도 않았다.

그 날도 그러했다.

빈은 날이 밝기도 전에 하인을 데리고 집을 나와, 살얼음을 밟아 깨면서 덫이며 낚시 바늘 맨 줄을 둘러보고, 해가 돋을 무렵에 10여 마리의 물새를 하인에게 지워가지고 돌아왔다. 온몸이 흙탕투성이였지만, 물새가 많이 잡혔으므로 기분이 좋았다.

얼굴과 손발을 씻고, 아침 식탁에 앉았다. 빈은 잘 생긴 소년이다. 언제나 밖으로 쏘다녀서 햇볕에 타기는 했지만, 빼어난 눈썹과 단정한 콧대와, 눈꼬리가 길고 눈이 맑다. 좀 긴듯하고 포동포동한 얼굴은 길고 곧은 목 위에 안정감있게 놓였고, 사지는 늘씬하고 건강하여, 준수(俊秀)한 느낌이었다. 지금은 운동을 하고난 뒤여서 마음도 만족해 있으므로 보기 좋은 안색이 되어, 한층 생기가 넘쳤다. 식욕이 왕성해서 잘도 먹었다.

그 때, 아버지가 왔다. 아직 마흔을 두셋 넘었을 뿐이지만, 몇 해 전에 아내를 잃은 후부터 발이 저리고 다리가 아파 시달리고 있다.

여윈 몸과 엉성한 수염을 길게 기른 갸름한 얼굴은 보기에도 안스러웠다. 집 안에서도 떼어 놓지 않는 지팡이로 딱딱 마룻바닥을 울리며 들어왔다. 오른손에 곱게 접은 흰 비단을 들고 있다.

빈은 얼른 젓가락을 내려놓고 일어나, 입 안에 든 음식을 급히 삼켜 버리고, 아버지 앞으로 가서 절을 했다.

안녕히 주무셨습니까? 오늘 기분은 어떠십니까?

중공(中共)이 된 뒤로 중국의 관습에도 큰 변화가 있고, 그 이전부터 대도시의 젊은 세대는 조금씩 변해 왔지만, 지금으로부터 삼사십 년 전까지만 해도 〈효도는 백행의 근본〉이라는, 옛날부터 내려온 가르침이 사회 상식으로 되어 있어, 효도가 사람을 구제하고, 사회 질서를 유지

하는 중심 도덕이었다.

중국인의 효에 대한 개념은 현대인으로서는 이해하기 어렵다.

어느 역사학자가 젊었을 때 망명하여 상해로 가서, 어느 중국 관리의 집에서 기숙했다. 그 집 주인은 정부 내에서 요인이라고 할 정도의 높은 지위에 있고, 굉장히 급진적인 사상을 갖고, 중국 고대의 관습이나 도덕에는 예리한 비판을 갖고 있는 인물이었는데, 모시고 있는 노부(老父)에게 머리를 들지 않는 것을 일상으로 보고, 역사학자는 놀랐다고 한다. 이를테면, 그 사람이 목욕을 할 때, 노부가 부르는 소리를 들으면, 젖은 몸을 닦지도 않고 급히 달려가, 벌거숭이 채로 노부 앞에 무릎을 가지런히 하고 조심스럽게 명령을 받았는데, 날개를 뜯긴 닭처럼 불쌍하기도 하고, 우습기도 하고, 경탄되기도 했다는 것이다.

노부는 때때로 심하게 화를 내고,

「회초리를 가져와!」

하고 외친다. 그러면 그는 미리 준비해 두었던 회초리를 갖고, 공손하게 아버지에게 드리고, 그 앞에 무릎 꿇고 노부가 회초리를 휘둘러 채찍질하는 것을, 정중하게 받는 것이 보통이었다고 한다.

지금부터 40년 전까지 그랬다면,기원전 4백년 경의,이 소설시대에는 한층 더했을 것이다. 망나니라 불리는 빈이 이정도인 것은 당연한 것이다.

「별일 없다.오늘 아침에도 나간 모양이구나.잡았느냐?」

라고 아버지가 말했다.

「예.」

대답하고, 빈이 말하려고 했을 때, 아버지는 심하게 콜록거렸다.

빈은 아버지를 의자에 앉혀 드리고, 하인에게 백탕을 가져오게 하여, 아버지의 입에 갖다 대었다.아버지는 고개를 저어 마시지 않고,한손으로 잡고 있던 흰 비단을 빈에게 주고, 대신에 탕기를 받아, 불면서 천천히 마시기 시작했다.

빈은 건너 받은 비단을 펼쳐 보았다.글이 써 있었다.

〈소자,이름은 방연(龐涓),송나라 상구(商邱)사람입니다.병법의 수행을 목표로,좋은 스승을 찾아 천하를 두루 다니기 위해 고향을 떠났습니다.귀댁은 병법의 원조라고 할 손장군의 후예이시라, 우선 찾아 뵙고 경의를 표하고자, 이렇게 글을 띄웁니다, 갑자기 방문하는 것은 실례이기 때문에, 우선 이 글을 띄워, 귀댁의 뜻을 알고

자 합니다.)

라고 쓰여 있었다. 힘이 뚝뚝 떨어지는 필적은, 매우 힘
차고 잘쓴 글씨였다.

아버지는 양손으로 탕기를 껴안 듯이 하고 마시면서,
옆눈으로 아들의 모습을 보더니, 탕기에서 입을 떼고 말
했다.

「방금 가지고 왔다. 바로 옆 마을까지 왔다니, 곧 올 것
이다. 내가 이지경이니, 네가 만나 접대하라. 준비하고
있는 게 좋겠다.」

「알겠습니다.」

아버지는 지팡이를 울리면서, 안으로 들어갔다.

빈은 다시 식사를 했는데, 맥이 풀렸다. 그는 식사를 끝
낸뒤, 활을 가지고, 개를 데리고 사냥을 가려고 했던 것
이다.

(바보 같은 녀석이, 공연한 때에 찾아 오는군! 모처럼
좋은 날을, 하루 헛되게 만드는군!)

왕성했던 식욕이 싹 없어졌다. 음식이 맛이 없었다. 수
저를 놓았다.

빈은 물을 끓여 목욕하고, 나들이 옷을 입고 거실에 앉
았다. 창으로 보이는 하늘이 아주 맑게 개어 있고, 때때
로 하얀 얇은 비단 같은 구름이 유유히 지나가는 주위

를, 줄을 이어 새가 날아가는 것을 보니 분함이 가슴에 치밀었다.

(이런 날은,겨냥하는 새 한 마리 한 마리의 날개의 모양까지 확실히 보인다. 때문에, 잘 맞지, 좋은 사냥이 될 텐데….)

활을 당겨 팽팽히 하고, 이 때라고 생각했을 때, 끌어 단단히 한 손을 가볍게 느슨히 할 때의 기분, 화살대를 번쩍이며 똑바로 날아 간 화살이 겨냥한 새에 꽂히는 모양. 꺄, 하고 비명을 울리며 4~5척이나 올라가서는 떨어지고, 퍼덕거리며 허둥댄다.주변 일대의 새들이 굉장한 소리를 내고 일제히 날아간다. 그 소리에 무서워, 개도 일순간 뒷걸음질 치지만, 앞발로 눌러, 물어 갖고 오는 것이다.

그런 정경, 여운 등을 똑똑히 상상하자니, 그 즐거움을 뺏은 자에게 화가 치밀었다.

(어떤 녀석인가, 그 녀석은?)
라고 생각하고, 아까의 편지를 꺼내 펼쳐 보았다.

(송나라 상구의 방연.그러나, 필적은 훌륭하군. 곱상한 얼굴에 호리호리한 녀석이겠지.)

이런 생각을 하는데, 문 쪽에서 동동거리며 달려오는 소리가 들렸다.아마, 온 모양이었다.

빈은 편지를 곱게 접어 간수하고, 방을 나왔다.

어둠 침침한 복도를 하인이 달려왔다.

「손님께서 도착하셨습니다.」

「좋아, 지금 가는 참이다.」

빈은 밖으로 나와, 성큼성큼 문 쪽으로 갔다.

집은 벽돌을 겹쳐 쌓은 담을 두르고 있다. 점토를 굳혀 말렸을 뿐인 벽돌이기 때문에, 윗부분은 비에 젖어 녹고, 모가 없어지고, 울퉁불퉁해져 물결치는데, 남아 있는 부분은 튼튼했다. 백 년 가까운 세월 동안에 돌처럼 굳어 지고, 두드리면 쿵하고 소리가 났다. 문은 나무로 만들고, 갈대의 지붕을 덮었다. 문 앞에 탁한 물이 유유히 흐르는 시내가 있고, 시내의 가장 자리에 커다란 버드나무가 몇 그루 있다. 여름에는 좋은 그늘을 만들고, 마을 사람들이나 손가의 노예들에게 대낮의 시원한 장소가 되는데, 지금은 어느 나무도 마른 잎이 그저 약간 남아 있을 뿐이다.

손님은 종자 두 명을 데리고 있었다. 그들에게 지시하여, 타고 온 말을 버드나무에 묶게 하고, 다른 한 필에 실은, 대나무로 만든 고리짝 두 개를 내리게 하고 있었다.

빈은 곧바로 다가가 말했다.

「당신이십니까, 방연이란 분이? 저는 이집의 장남 손빈입니다.」

　말하면서 상대가 자신과 같은 정도의 나이 또래인 것을 보고 조금 놀랐다.병법 수행을 위해 천하 주행을 결심했다는 것이나, 편지의 문장이나 필적 따위에서 상상한 바로는 적어도 25~26세의 청년일거라고 생각했던 것이다.얼굴이 하얗고, 마르고, 체격은 빈약하고, 허리에 찬 검이 무겁게 보일 정도로 빈약한 모습이었지만, 눈썹이 선명하고, 눈이 맑아 민첩한 느낌이었다.

　소년은 정중하게 인사하고 대답했다.

「소인이 방연입니다.아버님은 병환이십니까?」

「수 년 전부터 풍에 걸려, 발이 부자유스럽습니다. 여하튼 들어오십시오. 아,… 짐은, 실은 채로 두는 편이 편리하겠지요. 어차피 집으로 옮기실 것이니까」

라고, 고리를 내리는 것을 만류했다.

　이 사람은, 오늘 하루만의 방문이 아니라, 당분간 집에 체류할 예정으로 온 것 같다. 체류하는 동안, 내가 상대가 되어 이것저것 대접해야 하니 귀찮게 되었다, 라고 생각했지만, 예의로서, 이렇게 말하지 않으면 안 되는 것이었다.

　손님들을 인도하여 문을 들어가, 당나귀랑, 짐이랑, 동행인들의 시중을 하인들에게 명령해 놓고, 소년을 객실로 안내했다.

  소년은 다시 인사한 후,

「오늘 아침에 올린 서면에서도 말씀드렸듯이, 소인은 병법을 가지고 입신하려고 결심하고, 그 수행으로 고향을 떠난 사람인데, 귀댁은 병법의 원조라고 할 손무 장군의 자손이시기 때문에, 우선 경의를 표하며, 다른 하나로는 귀댁에 전해지는 병서, 무구, 무기 등이 있으면, 보고 싶어 찾아뵌 것입니다.」

라고 했다.

「소인은 아직 상속받지 않은 장남의 몸이라 잘 모르지만, 무기나 무구 따위는 없다고 생각합니다. 저희 집에 전하는 바로는, 손무께서는 오나라의 관직을 사직하고 난 후는, 병법이라는 것을 아주 싫어하여 무기와 무구종류를 전부 오나라의 큰 호수에 가라앉혀 버렸다는 것입니다. 사실이라고 생각합니다. 소인이 어릴 적부터 한번도 보지 못했습니다만, 서적류는 상당히 있습니다. 그 동안 집안에 책을 읽는 사람이 꽤 나왔으니까요. 그러나, 그 속에 손무께서 쓴 책이 있는지 어떤지 저는 모릅니다만, 아버지께 여쭈어 보겠습니다.」

  선뜻 자리를 떠서, 빈은 안으로 들어갔다.

두 청춘

아버지는 젊은 여자 노예에게 다리를 주무르게 하면서, 침대에 누워있었다.빈이 들어 와, 손님이 한말을 전하고, 그것에 대해 자신은,집에 서적이 상당히 있는데, 손무께서 쓴 병서의 종류가 있는지 없는지 모른다고 대답한 것을 얘기하자, 아버지는 굉장히 언짢아 했다.

「너는 그런 놈이냐! 네가 태어난 집안도 살펴보지도 못하고, 아무렇게나 살아가는 시골사람처럼 하찮은 것에만 빠져, 독서 습관이 없기 때문에, 그런 부끄러운 대답을 할 수 밖에 없었던 것이다. 집에 전해지는 서적의 수는 많은데, 가장 귀중한 것은, 손무장군의 친필로 쓴 병법 13편과, 장군이 스스로 실지답사까지 하여 정리한 고

금의 전사(戰史)와 도면들이다. 단지 우리 집안의 보물
일 뿐만 아니라, 천하의 귀중한 보물이라고도 할 수 있
는 것으로서, 소중히 간직하고 있는 것을 모르느냐. 손
무 장군의 직계 집안의 적자로서, 그런 몰상식한 대답을
했단 말이냐! 부끄럽다고 생각지 않느냐!」
라고 꾸짖었다.

　빈은 아무렇지도 않았다. 제후를 섬기는 몸이라면 학
문도 해야 하고, 섬기는 방면에 따라서는 병서를 읽고
병법도 판별할 줄 알아야 되겠지만, 지방 호족이 되어
수 대가 되는 데에, 무슨 학문이 필요한가. 하물며 병법
이라니, 하고 생각했다.

　그러나, 그렇게 말할 수는 없었기 때문에, 묘한 표정을
지었다.

　「죄송합니다. 이후부터는 말을 조심하겠습니다. 그러
한 서적들이 어느 상자에 들어 있습니까?」

　「서재에 들어가서 맨 막다른 곳의....」

하고, 말하다가 아버지는,

　「아니다, 중요한 것을 너에게 맡기기에는 어쩐지 불안
하다. 내가 하겠다.」

라고 말씀하시고, 자리에서 일어나, 노예에게 물을 갖고
오게 하여 얼굴과 손발을 씻었다. 예복을 꺼내어 갈아

입고 지팡이에 의지하여, 천천히 걸었다. 뒤따라오는 빈에게 말했다.

「손님에게 너무 오래 기다리게 해서는 안 된다. 예의가 아니다.내가 서재에 가서 가져 올테니,잠시 기다리시라고 말씀드리고, 누구든 두어 사람 데리고 서재로 오너라, 소중하게 운반하지 않으면 안 된다. 너 혼자서는 마음을 놓을 수 없다.」

「알겠습니다.」

빈은 여자 노예에게 조심하여 아버지를 따라가도록 일러두고, 객실로 돌아왔다.

방연은 여윈 몸을 움츠리고, 아주 공손한 태도로 조용히 기다리고 있었다. 빈을 보자 질문하려는 듯한 눈짓을 했다.

빈은 인사하고 웃음을 띄우며, 활달한 어조로 말했다.

「실례했습니다. 저는 독서 따위에 전혀 흥미가 없기 때문에 몰랐는데, 손무님의 저서가 상당히 있고, 가보도 보존되어 있는 모양입니다. 13편의 병서와 전쟁에 대한 연구, 도면 등도 있는 모양입니다.」

방연의 창백한 얼굴에 약간 혈색이 돌았다. 의자에서 몸을 내밀었다. 양손을 서로 비비며 흥분하여 더듬거리면서 말했다.

「그… 그것을 볼수 있습니까?」

신경질이 있을 듯한 창백한 이마에 땀이 흠뻑 배어 있다.

기껏해야 책 정도의 일로 이렇게 흥분하는 것이 빈에게는 의아스럽고 우습기도 했다. 학문 따위를 하는 녀석은 아무래도 어딘가 조금 이상하다고 생각했다.

「물론 볼수 있습니다. 지금 아버님께서 서재에 가셨습니다.」

「아!」

방연은 한숨을 쉬고, 서서 절을 했다.

「뭐라고 감사를 해야 할지 모르겠습니다. 친절하심에 저는 가슴이 벅찹니다.」

라고 인사하고, 다시 의자에 앉아서 이마의 땀을 닦았다.

「실례지만, 잠시 기다려 주십시오. 저는 아버님을 도우러 가야 하니까요.」

빈은 이렇게 말하고, 객실을 나와 하인 두 명을 데리고 서재로 갔다.

아버지는 서늘한 서재에 멍하니 앉아 막다른 선반에 나란히 있는 책상자를 바라보고 있었다. 여기까지 오기는 왔지만, 오랫동안 사람의 출입이 없던 실내에는 여기저기 먼지가 산더미 같이 쌓여 있다.

　해가 비치지 않는 이 서재는 어두컴컴했다.선반에 쭉 늘어선 낡은 서적과 함께, 이 집안의 역사와 선조 대대의 영혼이 어려 있는 것 같기도 했다.

　빈이 하인을 데려 왔다. 혈색좋고 생기가 넘쳤다. 성큼성큼 서슴치 않고 들어 왔다.

　「아버님,어느 것입니까? 가리켜 주십시오.」

　버릇없이 큰 소리였다.

　평안함과 정적이 한번에 깨지고, 선조의 영혼도, 집안의 역사도, 놀라서 방구석으로 날아가 버린 듯한 느낌이었다.

　「여기는 야외가 아니다. 조용히 해라!」

　아버지는 엄하게 타일렀다.

　「예.」

　송구스런 표정을 지었으나, 그 모습은 혈색좋은 얼굴에 어울리지 않았다.

　아버지는 정면의 선반으로 눈을 옮기고, 여윈 창백한 손을 내뻗어 손가락으로 가리켰다.

　「오른쪽에서 다섯번째의 상자와 여섯번째의 상자다.」

　빈은 하인들에게 상자를 내리도록 일렀다.

　하인들이 따로 상자를 하나씩 내리려 하자, 아버지가

말했다.

「둘이서 하나씩 내려. 소중히 다루어라!」

하인들은 상자를 바닥에 내려놓고, 먼지를 털었다.

다른 하나도 마찬가지로 마저 내렸다.

「이번에는 이 쪽이다.」

동쪽의 선반에서, 옆으로 길고 커다란 상자를 내리게
했다.

모든 상자의 뚜껑을 열고 속에 든 것들을 꺼내어 정성
껏 먼지를 털었다. 긴 상자에 든 것은 책이었다. 대부분
은 비단에 싸서 두루마리로 되어 있었지만, 대나무 조각
에 옻칠로 써서 가죽끈으로 엮어 꿰멘 것도 있었다. 죽
간(竹簡)에는 벌레가 먹은 흔적이 있었고, 비단은 노랗
게 변색했고, 끝부분은 갈색으로 변해 있었다.

긴 상자에는 도면 종류가 들어 있었다. 비단을 폭넓게
서로 연결하여 그린 것이었다.

아버지는 빈에게 도면 상자를, 하인들에게는 책상자를
들게 하고, 서재로 향했다. 지팡이를 짚으면서 걸어가는
자신의 뒤에 따라오는 사람들이 쫓아오기 힘들어하는
것을 알고 있었지만, 선조에 대한 예의라고 생각했던 것
이었다.

방연은 이 약간의 우스꽝스런 장중함에도 놀라는 기색

이 없었다. 흐트러지지 않은 바른 예의로 맞았다.

「제가 방연입니다. 여행 중의 젊은 서생을 이렇게 정중히 대접하여 주실 뿐 아니라, 염치없는 부탁을 들어 주셔서, 손무 장군의 귀중한 유저를 보게 하여 주신 것, 무한한 영광입니다. 달리 드릴 말씀이 없습니다.」

태도도 좋고, 말하는 것도 좋고, 모든 면에 있어서 빈틈이 없었다. 아버지는 자기 아들과 비교하여 감탄하고, 부럽게도 생각했다.

「정중한 말씀 황송합니다. 정말 잘 오셨습니다. 우선 앉으십시오.」

서로 마주하고 앉았다. 빈에게 지시하고, 상자를 창가의 탁자 위에 두었다.

방연의 창백한 얼굴에는 희미하게 혈색이 엿보였고, 싱싱하게 빛나는 눈이 그 상자로 향했다. 방연은 그 상자에 매료되어 있었다. 조금이라도 빨리 보고 싶은 마음에 들뜬 표정이다.

아버지는 역시 방연에 대해 알고 싶은 점이 있었지만, 이 순수하고 한결 같은 모습을 보자, 얘기를 시키기가 안스러웠다.

「그러면, 천천히 보십시오. 나는 저 쪽에 있겠습니다. 아들녀석을 남겨둘 터이니, 필요하시면 무엇이든 말씀하십시오.」

라고 말하고, 일어서서 빈에게,

「가만히 곁에 있다가, 청하시는 것이 있으면 도와 드리고 방해를 해서는 안된다.」

라고 말하고, 나갔다.

　방연은 방 입구까지 아버지를 마중하고는, 곧바로 책상으로 가서, 상자의 뚜껑에 손을 대고는, 문득 생각난 듯이 빈에게 인사를 보냈다.

「그러면 보겠습니다.」

「아! 어서 보십시오.」

　대답하고, 빈은 반대쪽의 창가로 의자를 끌고 가서 앉았다. 빈은 맙소사, 하고 생각했다. 곰팡내 나는 책 따위가 어째서 저렇게 안색이 바뀔정도로 재미있을까? 뜻밖의 방문객이 왔기 때문에, 빈은 상반되게, 이렇게 사냥하기 좋은 날을 이런 일로 헛되게 보내서는 안 된다고 또 생각했다. 하지만,어쩔 수 없었다. 창문으로 하늘을 올려다 보며 한숨을 쉬었다.

　방연은 열심이었다. 상자에서 꺼낸 두루마리를 펴 조금 읽자, 곧 빨려 들어가서 선채로 읽었다. 여윈 얼굴이 음식을 탐욕스럽게 먹는 개처럼 보였다. 소리를 내지 않고, 야금야금 입을 움직이며 읽는 모습이 한층 그렇게 보였다. 멍청히 옆에 가면, 정말로 개처럼 왕하고 으르렁대며 물지도 모른다고 생각하니, 빈은 이상해져서, 히죽히죽 웃음이 나왔다.

드디어, 방연은 품에서 흰비단 두루마리와 먹을 꺼내어 뭔가를 적기 시작했다. 때때로 빈을 불러,

「여기는 어떤 의미일까요?」

라고 물었다.

「저는 학문에 서투릅니다. 물으셔도 대답할 것이 없습니다.」

하는 대꾸를 했지만, 매정하게 행동할 수도 없었다. 가까이 가서 함께 보았다. 짐짓하는 행동일 뿐 내용을 알수 없었다.

「아, 뭐라고 해석하면 좋을가요?」

라고 말했지만, 곧 귀찮아졌다.

「아, 그렇게 적어 두었다가 뒤에 정리하여 아버님게 여쭤보십시오.」

라고 말하고, 입을 봉해 버렸다

방연은 잠자코 열심히 발췌를 했는데, 옆에 붙어 있는 이상, 얘기를 거는 것이 예의라고 생각했는지, 역시 때때로 말을 걸었다.

「절륜의 명저입니다. 눈을 씻어주는 기분입니다. 이런

대목이 있습니다. 들어 보십시오.」

라고 말하고, 일부를 소리 내어 읽었다.

「옛날에, 잘 싸우는 자는 적에게 패하지 않을 대비를 먼저 완전히 해놓고 적을 이길 시기가 옴을 기다린다. 패하지 않는 체제를 만드느냐 어떠냐는 스스로에게 있고, 적을 이길 수 있느냐 없느냐는 적에게 달려 있다. 그러므로, 아무리 싸움에 능한 자라도 패하지 않을 체제는 만들 수 있으되, 적을 반드시 이길 수 있도록 적의 틈을 만들 수는 없다. 그러므로, 이길 이치는 미리 알 수 있으되 반드시 이긴다고 할 수 없다. 패하지 않을 체제는 잘 지킴으로써 되고, 이기는 것은 공격함으로써 된다, 그러나, 지킴에는 아무리 병력이 있을지라도 반드시 부족하며, 공격함은 어느 정도의 병력만 있으면 된다. 지키기를 무엇 보다도 잘하는 자는 소리도 없고 땅 속에 숨은 듯하며, 공격을 무엇보다도 잘하는 자는 갑자기 적 앞에 나타나기를 하늘에서 떨어지는 것처럼 한다. 이와같이 하여 능히 지키고, 능히 공격하여 전승을 얻을수 있다.… 이런 뜻입니다. 훌륭한 의론입니다. 문장 또한 기막힙니다.」

몹시 흥분하여 칭찬했다.

빈은 조금도 감탄하지 않았다. 문장이 훌륭하다는 것

은 알았다. 논리적으로 빈틈없이 몰고 가는 것 같은 명확한 문장은 참으로 훌륭하다고 생각했다. 그러나, 그 말은 당연한 말들이 아닌가, 하고 생각했다. 당당한 논법을 펼쳐 놓지 않더라도, 웬만큼 똑똑한 사람이라면 얼마든지 아는 일에 지나지 않다고 생각했다.

(서생이라는 자들은 고작 이런일에 감탄한단 말인가?)
라고 생각하기도 했고,

(병법이라는 것이 이런 것이라면 아무것도 아니군.내 가슴에는 병법이 가득 들어 있어.)
라고 생각하기도 했다.

상대가 낭송하고 설명하고 찬미할 때마다.

「과연,예예.과연 우리 선조지만 굉장하군요!」
라고 맞장구치며 크게 감탄한 체하는 동안에, 슬그머니 나도 한번 읽어볼까, 하는 마음이 일었다.

의자를 탁자 옆으로 가져가며 말했다.

「재미있어 보이는군요. 저도 읽어보겠습니다.」

방연이 반가이 권했다.

「읽으십시오, 선조께서 지으신 책인데다 댁에 전해져 오는 것인데, 자손으로서 말이나 소를 대하듯 하시는 것은 옳지 않습니다. 부디 연구하셔야 합니다.」

두 젊은이는 탁자를 사이에 두고 마주앉아, 곰팡내 나

는 책에 몰두했다.

방연은 한 달 이상이나 손씨댁에 머물며, 열심히 손무가 남긴 저서를 읽고 뽑아 쓰기도 했다. 의문스럽게 생각되는 점은 빈의 아버지에게 묻기도 했고, 빈의 의견을 묻기도 했다. 아버지의 의견은 모두 온건하여, 글자의 뜻을 해석하는것도, 고전에 의거해서 〈서(書)〉에는 이 글자가 이런 뜻으로 쓰이고 있으니 여기서도 그런 뜻으로 썼다면 이러이러한 뜻이 된다든가 〈시(詩)〉에는 이 글자를 숙어(熟語)로 써서 이렇게 뜻하는 말이 있다. 그러니까, 여기서도 그 뜻을 따라서 이렇게 해석해야 할 것이라는 투여서, 방연을 크게 감탄하게 하고, 그 깊은 학식에 대해 존경하게 했으나, 빈의 의견은 대개의 경우 엉뚱했다.

그러면,

「이 글자를 그렇게 읽는 예는 없을 겁니다.」

라고 방연이 말했다.상대가 신세 지고 있는 집의 맏아들이라 너무 심하게 반대하지는 못하고, 부드럽게 말했다.

그러면, 빈이 말했다.

「글자야 어찌 되었거나 문세(文勢)로 볼 때, 이런 말이 담겨 있을 것입니다. 이 책의 경우는 그 담겨 있는 쪽이 중요할 겁니다. 글자의 뜻에만 얽매이면 그것이 날아가

버리고 말지요.」

그말을 듣고 보면, 방연도 그런 것같이 느껴지는 때도 있었다.

「당신은 이상한 분이군요.대단한 날카로움을 지니셨습니다. 어째서 오늘까지 학문을 안하셨습니까?」
라고 탄식한 적도 있다.

「학문은 싫습니다. 당신이 오셔서 너무 재미있게 책을 읽으시기에 조금 마음이 끌렸지만, 진정으로 좋아하지는 않습니다. 저는 방에 쪼그리고 앉아 곰팡내 나는 책 따위를 읽는 것보다는 매를 팔꿈치에 올려놓거나 개를 끌고 넓은 들과 산에서 토끼나 새를 사냥하는 편이 재미있습니다. 이 두메산골의 무사 나부랭이가 학문을 한들 무얼 하겠습니까. 자신의 이름을 쓸 줄 알고, 관아에 내는 문서쯤 쓸 줄 알면 되지요. 당신이 이집을 떠나시면 저는 이런 책 따위는 다시 서재에 처넣고 사냥하며 지낼 것입니다.… 그런데, 어떻습니까? 물새는 이미 남쪽으로 가버렸지만, 메추라기나 티티새, 꿩이며 여러 가지 새가 무척 많답니다. 내일쯤은, 서리는 많이 내리겠지만 날씨는 좋을 것 같습니다. 어디 한번 안 가시겠습니까? 좋은 보양이 될것입니다.」

방연은 미소지었다. 곤란한 말을 하는구나, 싶은 듯한

표정이다. 딱하게 여기는 듯도 했다.

「사냥은 재미있겠지요. 저도 그것을 모르는 것은 아닙니다. 그러나, 저는 그 즐거움을 좀더 나이 든 후로 미루고 싶습니다. 젊었을 때는 한눈 팔지 않고 학문에 힘쓰고 싶습니다. 두번 다시 얻을 수 없는 생애가 아닙니까. 늘그막에 후회하고 싶지 않습니다.」

빈은 빈정대는 웃음을 띠었다.

「학문에 힘쓰면 후회가 없을가요?」

사람은 동시에 두 가지 일은 할 수 없다. 어쨌든 후회를 면할 수는 없다. 젊었을 때 놀고 지내고 싶은 자가 노후에 후회 하는 것은 당연한 일이라 하더라도, 젊었을 때 모든 향락을 거부하고 일심으로 학문에 힘쓴 자는 영달할지는 모르지만 노쇠했을 때, 어째서 젊어 기력이 넘칠 때 좀더 세상을 즐기지 못했을가, 하고 후회하지 않을 거라고 단언할 수도 없다. 그런 뜻으로 말했는데, 방연은 그것을 알지 못한 것 같다. 느닷없이 흥분하여 말했다

「당신은 지금의 세상을 이떤 시대라고 생각하십니까? 제후가 사방에서 일어나 국토를 멋대로 나우어 차지하고 서로 그위세를 펴려고 싸움과 정벌이 끊일 사이 없는 시대입니다. 제후는, 자신을 강하게 할 재능있는 자를

가뭄 하늘에 비내릴 조짐을 바라는 마음으로 기다리고 있습니다. 재능이 있는 자라면 쉽게 입신할 수 있는 때입니다. 이름없는 선비가 입신출세할 천재일우의 때입니다. 어찌 힘쓰지 않을 수 있겠습니까? 사냥이나 고기잡이도, 술도, 여자도, 제후가 된 뒤로 미루어도 되지 않습니까?」

　여윈 핼쑥한 얼굴이, 솟아오르는 불꽃과 같은 것으로 번쩍였다.

　(과연 그런 이유로 이 사람은 병법 연구 따위를 시작했단 말인가?)

라고 빈은 생각했다.

나그네의 마음

방연은 번거롭게 말만 잘하는 사나이였다. 빈이 사냥하러 가자고 권한 것을 거절했을 뿐 아니라, 시세를 말하고, 남자가 입신할 기회와 귀중한 청춘을 헛되이 보내서는 안 된다고 훈계를 한뒤부터 함부로 그런 식의 설교를 했다.

「청춘은 한 번 가면 돌아오지 않습니다.」

혹은,

「공을 세우고 이름을 높여 집안의 이름을 세상에 내는 것이 남자의 길입니다.」

또는,

「재상을 낸 집안에서는 재상을 내고, 장수가 난 집안에

서 장수를 낸다고 합니다. 손무 장군 후로 장군으로서
이름이 난 사람이 없다는 것은, 귀댁 가문으로서 안타까
운일이 아니겠습니까?」

또 말하기를,

「당신은 재주가 뛰어난 분입니다. 잘 갈고 닦아 선조의
이름을 높이 받들어야 할 것입니다. 지금대로 지낸다면,
그 귀한 보물을 아깝게 썩히게 됩니다. 그것은 하늘이
내려 주신 귀한 것을 헛되이 하는 일이며, 따라서 하늘
을 배반하는 일입니다.」

손빈은 더 들을 수 없었다.

「저는 이곳의 지주로서 마음 편하게 생애를 지내면 그
것으로 만족합니다. 저는 사람이 이 세상에 살아 있는
것은 행복을 찾기 위해서 라고 생각하는데, 그 행복이란
무엇입니까? 바라는 것이 채워지는 것 아니겠습니까? 바
라는 마음이 작으면 채워지기도 쉬울 것입니다. 세상에
나가 큰 소망을 쫓아다닌다 해도, 그것이 꼭 채워진다고
할 수 없는 것 아니겠습니까? 당신은 당신의 길을 가십
시오. 저는 저의 길을 가겠습니다. 저의 바람은 언제나
작습니다. 낚시하러 가면 오늘은 큰 잉어를 낚았으면 좋
겠다고 생각하지요. 사냥하러 가면 오늘은 토끼를 잡았
으면 하고 생각합니다. 이루어지지 않을 때도 있지만 반

은 이룰 수 있습니다. 절반이 행복했다면 더 말할 것 없지 않겠습니까? 핫핫핫!」

하고 웃었다.

그 때마다 방연은 어처구니가 없어 입을 다물었지만, 이튿날 또 설교를 꺼냈다. 정말 귀찮았다.

그러나, 오래지 않아 방연은 떠나게 되었다.

「널리 천하의 좋은 스승을 찾아 학문에 힘쓸 생각으로 집을 나왔습니다, 뜻밖에도 이 댁에서, 손장군님께서 남기신 글을 보게 해주셨으므로 일단 고향으로 돌아가, 베껴 쓴 대목을 고찰하고 열심히 읽어 뜻을 잘 새기려 합니다. 이 해도 거의 다가니 부모님들게서도 기뻐하실 것입니다. 추위가 심할 때오니 편찮으신 몸, 한층 더 요양하십시오. 여로 모로 후한 대접을 해주신 고마우신 정은 평생 잊지 않겠습니다.」

아버지에게 인사하고, 빈에게도 고맙다는 인사를 한 다음,

「당신은 하늘이 준 재주가 있습니다. 더우기, 손무장군의 자손이십니다. 사람이 세상에 쓰여지는 것은 스스로의 재간으로도 되겠지만, 선조께서 끼쳐 주시는 덕택이 있으면 더욱 좋지요. 당신은 그것을 모두 가지셨어요. 마음을 다지고 청운의 뜻을 품으십시오. 간절히 기원하

는 바입니다.」

라고 또 설교를 했다.

참으로 귀찮은 사람이었다. 이런 말을 아버지 앞에서 한
것이다. 그러나, 지금은 버릇없는 대답은 할 수 없었다.

「충고 말씀 고맙습니다. 깊이 새기겠습니다.」

라고 할 수밖에 없었다.

아버지는 방연이 몹시 마음에 든 모양이었다. 같은 나
이인데 뜻을 세우고 학문에 힘쓰는 것을 보아도, 빈이
게으르고 빈들빈들 놀기만 하는 나날을 보내는 것이 한
심해 견딜 수 없었다.

「우리 집에서는 언제라도 당신을 기꺼이 맞으리다. 마
음이 내키면 언제라도 또 오시오. 아들이 하찮은 녀석이
지만 언제까지 사귀며 버리지 마시고 잘 이끌어 주시
오.」

라고 말하며 헤어지기를 진정으로 아쉬워했다.

방연이 떠난 뒤로도 얼마 동안 아버지는 거의 버릇처럼

「참으로 장래가 바람직한 청년이다. 저렇게 젊은 나이
에 큰뜻을 세우고 그것을 향해 매진하고 있다니, 뒷날
반드시 이름을 떨칠 것이다. 저런 자식을 가진 아버지는
얼마나 기쁠까? 참으로 부럽다.」

이렇게 말했다. 그 때마다 빈을 보고는 한숨을 쉬었다.

(참 싫어 죽겠군.)

빈은 속이 매우 상했지만, 참으로 오래간만에 맛보는
해방감은 뭐라고 말할 수 없는 쾌감이다. 수십 일 동안
의 우울하고 답답했던 마음을 없애야겠다고, 날마다 이
른 아침부터 사냥을 나갔다.냇물이며 늪에는 이미 얼음
이 얼고, 물새는 모두 다 남쪽으로 가버렸다.

있는 것은 토끼나, 이 곳에 자리잡고 사는 메추라기.비
둘기 · 꿩 · 종달새 · 정도였다. 날마다 꽤 잡혔지만 물새
철에 비하면 아무것도 아니었다.

(아까운 시간을 보냈다.하찮은 녀석 때문에….)

생각할수록 아쉬움을 떨칠 수 없었다.

어느날 이른 아침, 주먹에 매를 앉히고 개를 앞세우고
시든 갈대밭의 얼어붙은 서리를 밟으면서 새가 날아오
르기를 조심조심 살피면서 걸어가는 동안, 문득 생각끝
에, 병서에 씌어 있던 어떤 글귀가 떠오르더니 실을 잡
아당기듯 어디까지나 슬슬 나왔다. 방연이 있을 때 하는
수 없이 읽은 손무 병서의 한 구절이었다.

(어어?)

이렇게 생각하고 다른 장을 홍얼거려 보니, 이것 또한
막힘 없이 모두 다 나왔다.

(그럼 용간편은 어떨까?)

하며 외어보니, 용간편도 한 자 빼놓지 않고 다 외고 있었다.

(이게 어찌된 일일까? 야단났는 걸!)

빈은 몹시 놀랐다.

시계편(始計篇)을 외어 보았다. 시계 · 작전 · 모공 · 군형 · 병세 · 허실 · 군쟁 · 구변 · 행군 · 지형 · 구지 · 화공 · 용간의 13편이 모두 슬슬 나왔다.

(이거 참 괴상한 일이다. 그렇다면, 나는 학문 따위와는 전혀 맞지 않는다고 생각했었는데, 생각과는 달리 할 수 있을지도 모르겠는걸. 아무도 모르게 가끔 해볼가?) 하는 생각이 일어났다.

빈은 독서를 시작했다.

날마다 하는 것은 아니었다. 날씨가 좋은 날은 여전히 사냥이나 고기잡이를 갔지만, 비나 눈이 오거나 바람이 부는 날은 서재에 들어가 책을 읽었다.

병서는 물론 그밖의 서적도 읽었다.

무엇을 읽어도 잘 이해했다. 한 번만 읽으면 그대로 기억할수 있었다. 의문스러운 점은 아버지에게 물었다. 아버지의 대답을 듣고도 이해할 수 없는 대목도 있지만, 그런 때에는 스스로 해득했다. 그러면서, 아버지와 논쟁도 했다. 대개의 경우

「흐음,과연 그렇게 해석하면 앞뒤가 막히지 않는구나.」

하며 아버지가 졌다.

모든 재주도 그런 것이지만. 어떤 기회나 인연을 만나게 되면 몹시 재미있어진다. 이렇게 되면, 여가만으로는 안 된다.사냥이나 고기잡이 따위는 학문의 즐거움에 비하니 흥미가 없었다. 날마다 서재에 틀어박혀 책을 읽고 생각하게 되었다.

아버지는 빈이 이렇게 달라진 것을 이만저만 기뻐하지 않았다.

「우리 집안은 대대로 글을 읽은 가문이다. 너 하나가 학문을 싫어한다는 것을 이해할 수 없었는데, 역시 핏줄은 이어져 있었구나. 그러나,그것을 일깨워준 사람은 방연이다. 고마운 일이다. 네가 한번 편지라도 보내어 고맙다고 해라. 송나라 도성이라면 그리 먼 곳도 아니다.」

방연은 돌아가자 곧 떠돌이 장사꾼에게 부탁하여 편지를 보냈을 뿐이었는데, 그 글속에 〈적어도 앞으로 2년쯤은 댁에서 베껴온 병서 연구에 몰두할 생각〉이라고 했다.

이제는 빈도 방연을 그리워했다. 연구한 결과를 방연과 서로 논하고 싶은 마음이 일었다.

방연에게 편지를 썼다.

〈한 번 헤어지자 남북으로 떨어졌군요. 평안하신지요.
나는 다행히 잘 있습니다. 자네가 간 뒤, 나는 자진해서
책을 읽기 시작했습니다. 아버님께서 매우 기뻐하시며
자네가 내 속에 잠들어 있던 집안의 피를 일깨워 주셨다
고 고마워하십니다. 나도 그렇게 생각하여 이렇게 감사
의 편지를 쓸 마음이 우러났습니다. 참으로 고마웠습니
다. 만일 자네가 우리 집에 와서 머무르지 않았다면, 나
는 여전히 게을러 빈들빈들 놀기만 하는 소년에 지나지
않았겠지요. 자네가 머물러 있는 동안 나는 자네가 기회
있을 때마다 훈계하고 충고해 주는 것을 일일이 반박하
여 불손하기 이를데 없이 굴었던 것을 오늘에는 후회하
고 있습니다. 바라건대, 용서해 주십시오. 지금의 나는
병서뿐 만이 아니라, 집에 소장되어 있는 서적은 모두
읽어 버리려는 생각입니다. 물론 이렇게 함으로써 공업
을 얻을 생각은 없습니다. 내게는 글을 읽는 것 자체가
기쁩니다.자네는 그런 것이 못 마땅할가요?

　여하튼,자네가 다시 다른 나라로 갈 때에는 부디 길을
돌려 집에 들러 주시오. 아비님도 만나고 싶어하십니다.
나도 또한 자네에게 전혀 달라진 나를 보여드리고 싶은
심정 간절합니다.〉

　하인편에 편지를 보냈다.

하인은 길을 떠나갔는데, 칠팔 일 뒤, 방연의 회답을 받아 가지고 돌아왔다.

〈뜻밖의 반가운 글을 대하고 참으로 기뻤습니다. 어른 들께서도 모두 평안하시다니 더욱 기쁩니다. 나도 별일 없이 잘지냅니다. 자네가 옛 습관을 깨끗이 씻어 버리고 학문에 뜻을 두셨다니 참으로 기쁘고 고마운 일입니다. 그에 대해 나에게 감사하다니 송구합니다. 내게 무슨 공이 있겠습니까? 자네에게 귀한 재주가 있었기 때문이지요. 그러나, 그대뿐만 아니라 어르신네까지 내 덕이라 하신다니 다시없이 영광입니다. 부디 방심하지 마시고 정진하십시오. 옛사람은 학문을, 급류를 거슬러올라가는 배에다 비유했습니다. 방심하면 눈깜짝할 사이에 뒤로 물러나는 것을 말한 것입니다. 자네에게는 얻기 어려운 좋은 재주가 있습니다. 게을리 말고 갈고 닦아 주시오. 나도 댁의 폐를 끼치던 무렵의 일을 언제나 기억하며 그리움과 감사한 마음을 갖고 있습니다. 말씀해 주시는 대로 뒷날 또 길을 떠날 때에는 반드시 들를 것입니다. 어른신께 경의와 감사를 보냅니다. 편지 자주 주십시오.〉

회답 내용은 이러했다.

빈이 하인에게 물었다.

「방군의 집은 어떻더냐?」

「글쎄요. 집은 상구 교외에 있습니다. 우리 저택의 4분의1크기만 할가요? 옛날에는 퍽 윤택했었던가 봅니다. 살림살이가 낡기는 했지만 그 가운데 퍽 훌륭한 것이 있었습니다. 그러나, 지금은 좀 어려워 보였습니다.」

「부모님도 만나 뵈었느냐?」

「예. 만나뵈었습니다.」

「어떤 분들이더냐?」

「예전 송나라 조정에 벼슬하셨다고 들었습니다만, 그다지 높은 신분이 아니었던 모양입니다. 뵙기에도 의리가 굳고 건실한 분 같았지만 여유있는 풍격은 뵐 수 없었습니다. 방연님께서 학문을 매우 잘 하시므로 양친께서 모두 한결같이 희망을 품고 계셨습니다.」

「그렇더냐. 알았다.」

방연이 공명 영달을 동경하는 것은 부모의 그와 같은 태도로 그렇게 된 것이라 생각했다.

자신이 그런일에 구애되지 않고 순수한 마음으로 학문을 할 수 있는 것을 기뻐했다.

빈은 가끔 방연에게 편지를 보냈고, 방연에게서도 소식을 보내왔다.

언제부터인지 두 사람의 편지는 단순히 소식을 전하는

글이 아니라, 병학상의 질의 응답이며 논의로 변했다.

논의에서는 좀처럼 결말이 나지 않았다. 모두 자기 이론이 옳다고 믿어 의심치 않았다.

빈이 보기에는 방연의 설은 이론에 치우쳤다고 여겨지는 일이 많았다. 방연의 병사에 관한 지식은 매우 정밀하고 해박했다. 각 시대의 전사에 대한 연구, 열국의 군제 따위에 대해서는 참으로 잘 조사하고 있지만, 임기응변의 재주가 약하기 때문에, 논리적으로는 흠잡을 데가 없이 매우 당당하지만, 현실적으로 생각할 때 과연 그렇게 될 것인가, 하고 빈은 불안하게 느껴졌다.

편지를 주고 받으면서 빈은 알아차린 일이 있다

방연은 수재다. 이만치 우수한 두뇌를 가진 사람은 보기 드물 것이다. 지니고 태어난 성품인지, 어렸을 때부터 영달을 조바심하지 않을 수 없도록 키웠던 때문인지, 그 관심은 병학에만 한정되어 있었다.

따라서, 읽는 책도 병서뿐이다. 역사책을 읽어도 자세히 읽는 것은 전쟁 대목뿐이다.

이 무렵 유학서나 정치학의 서적이나 노자의 책이 있었지만, 전혀 읽지 않았다.

노(魯)나라의 공자(孔子)가 생전에 펴낸 것으로 고시(古詩)311편도 세상에 나왔지만, 이에 대해서는 악의를 품기까지 했다.

〈시에서는, 농사꾼이나 서인(庶人)은 물론이고 사대부에 이르기까지 병사라면 예외 없이 싫어한다. 부녀자는 저주하고 찔끔찔끔 울기만 한다. 사람들이 이와 같은데, 어찌 나라가 존립할 수 있으랴. 그밖에 남녀가 은밀히 만나는 노래, 음탕한 여자가 행실 나쁜 남자를 그리워하는 노래, 보기만 해도 눈을 더럽힐 것처럼 수없이 많다. 그런 것을 일부러 서적으로 엮어 남긴 공자라는 사람의 생각을 알 수 없다. 그파의 학도는 공자를 성인이라며 높이 받들고 있다고 들었는데 나로선 전혀 그 마음을 알 수 없다.〉

방연이 이렇게 써 보낸 일이 있다.

그러나, 빈의 생각으로는 병법이란 인간을 대상으로 한 술(術)이다. 지(智)·정(情)·의(意)를 갖춘 사람을 상대로 한 것이다. 사람이라는 것을 잘 알지 못하고는 할 수 없는 일이다. 적과 아군 양쪽의 심리를 자신의 손바닥 위에 올려 놓은 것처럼 잘 알고, 그 변화를 알아보고, 그 기변을 이용하여 바라는 바대로 끌어들여 승리를 얻은 것이 병법이라고 생각했다.

(그 사람을 알려면 시처럼 좋은 것은 없다. 그렇지, 언

젠가 읽었던 공자의 언행을 그 제자들이 수록했다는 책
에 공자가 이렇게 말했다고 씌어 있었지.〈명(命)을 알지
못하면 군자가 아니오. 예(禮)를 알지 못하면 사람을 알
지 못하고, 입신하지 못하며, 언(言)을 알지 못하면 사람
을 알지 못한다〉고. 이 경우의 언(言)이 문맥상으로 보아
선왕의 법언임은 의심할 나위 없다. 선왕의 법언은〈시
경〉과〈서경〉에 있는 것이다. 사람이라는 것을 아는데
있어 시가 얼마나 소중한 것인가는 이로써 알 수 있다.)
라고 생각하며,

「그러나.......」
하고 걱정했다.

「방연은 그런 공자를 인정하지 않으니 어쩔 수 없지.」
하고 씁쓸하게 웃었다.

어쨌든, 방연 병법의 결점은, 너무 방연이 지나치게 전
문가가 되어, 전문 이외의 일에 전혀 흥미를 갖지 않는
데에 있다고 생각했다.

(서로가 문서상으로 하는 논의니까 득실을 알지 못하
는 거야. 실제로 군사를 이끌고 하게 되면 대번에 판가름
이 날텐데.)
하고 생각했다.

2년쯤 이런 일이 계속되었는데, 3년째가 되어, 얼마 되

지 않아 방연이 행상인에게 부탁하여 편지를 보내왔다.

〈나는 결심한 바 있어 초나라로 갑니다.재작년부터 초나라에 벼슬하여 재상 자리에 있는 오기(吳起)장군의 문하생이 되어 한층 더, 전부터 공부해 온 길을 깊이 연구하려고 합니다.

오장군은 몹시 까다로운 분이라고 들었으므로 어지간히 잘하지 않으면 문하생 되기를 허락하시지 않을 것으로 여겨지지만, 나는 어떠한 어려움이 있을지라도 반드시 해낼 결심입니다.

만일 다행하게도 내가 입문하게 되고, 또한 만일에 자네가 그럴 뜻이 있다면 자네를 위해 청을 넣어도 좋습니까? 자네의 의향은 어떠신지요?

나는 며칠 안에 떠나려고 이미 여장을 다 갖추었습니다.급히 회답 바랍니다.〉

부귀와 영달을 얻기 위해 학문을 하는 것이 아니므로 집을 떠나서까지 학문을 닦을 생각은 품어 본 일이 없었으나, 이편지를 보고 빈은 마음이 슬며시 움직였다.

오기라는 인물에도 마음이 끌렸고, 멀리 서남쪽에 있는 초라는 나라에도 가보고 싶은 마음이 솟았다, 초나라는 주왕조 초에는 오랑캐 나라였으나, 이윽고 가장 강대한 나라가 되었다. 더우기, 그 뒤 나라 운세가 바뀌어,점점 쇠하여 근년에는 전혀 떨치지 않게 되어 있었으나,재작년에 한낱 나그네인 위(衛)나라 사람 오기를 등요하여 재상으로 삼은 뒤로 날로 힘이 남아, 이제는 열국을 위협하고 있다. 마술과도 같은 수완이 있는 오기라는 사람에게 접근해 보고 싶었다.

또, 초나라는 중국의 나라들과는 풍속에 있어서도 무척 다른 점이 있다. 이를테면, 문장, 시가 등도 초나라의 것은 다른 나라들의 것과 달라서 화려하면서도 침통하고,비장하면서도 매우 아름다워 뭐라고 형용하기 어려운 취향이 있다. 가보았으면 하는 마음이 일었다.

빈은 방연의 편지를 들고 아버지 거실로 갔다.

아버지가 말했다.

「너도 가고 싶은 것이로구나?」

「허락해 주신다면 방연군이 주선해 주기를 기다릴 것 없이, 방연군과 함께 가고 싶습니다.」

「그러려무나.나는 병약하지만 병약한 대로 평안하다. 갑자기 무슨 일이야 있겠느냐. 가도록 해라. 너무 오래 떠나 있지 않도록 하고.」

강점은 약점

빈은 방연에게 사람을 급히 보내어,

〈아버님의 허락을 얻어 나도 가기로 되었으니 며칠 안에 그곳으로 떠나겠습니다. 내가 가기를 기다려 주기 바랍니다.〉

라고 전하게 하고, 급히 서둘러 여장을 갖추어 송나라로 갔다.

방연을 만나 오랜만의 인사를 나누고, 함께 초나라로 향했다. 때마침 겨울이 지나고 해가 겨우 길어지기 시작하여 여행 하기에 적당한 때였다.

여기서 잠시, 오기라는 인물에 대해 자세히 이야기 하고 넘어가야 하겠다.

오기에 대한 전기는 〈사기〉열전에 있다. 〈사기〉에 의
하면, 오기는 위나라에서 태어났다고 한다.

위나라는 주나라 무왕의 동생 강숙(康叔)에게 내려준
나라이므로 주왕조의 동성국으로서는 가장 격식 높은
나라다. 그 나라는 뒷날 조(趙) · 위(魏) · 한(韓) · 송(宋)
의 네 나라 사이에 끼어 상당히 큰 나라였으나, 이 소설
의 시대에는 그 영토의 거의 전부를 빼앗겨, 황하가의
복양(濮陽) 부근의 작은 땅밖에 없는 나라였다.

오기의 집은 이 위나라에서는 꽤 부호였다. 그는 날 때
부터 권세욕이 강렬한 성격으로, 소년 때부터 타는 듯한
공명심을 품고 있었으므로, 어렸을 때 나라를 떠나 많은
돈의 힘으로 천하를 두루 돌아다니며 벼슬할 길을 찾았
다. 그러나, 어디를 가나 잘 되지 않았다. 그 많던 재물
도 아무렇게나 다 써 날리고 고향으로 돌아왔다.

이것이 고향 사람들의 웃음거리가 되었다.

「오씨댁 나리처럼 바보는 없어, 어렸을 때 조금 똑똑한
아이라는 평판이 났다고 글깨나 읽더니, 더욱더 오만해
졌지 뭔가, 끝내 이 천하에 나만큼 똑똑한 사람은 없다
는 생각을 하게 되어, 어디고 큰 나라의 재상이 되겠다
고 뽐내며 고향을 떠났지만, 천하는 넓고도 크지. 그 정
도의 지혜나 재간이 있는 사람은 비로 쓸어 버릴 만큼

있어. 어디를 가나 상대도 해 주지 않아 마침내 그만큼 잘 살던 처지였는데도 빈털터리가 되어 버렸군. 이제는 정평있던 오씨댁이 차마 볼 수 없게 되어 버렸어. 저런 멍텅구리는 없지.」

「정말이야.공연히 똑똑하니 어쩌니 하는 바람에 학문 따위를 한 탓이지.」

「나는 이런 얘기를 들은 일이 있지. 들자니 요동(遼東)이라는 곳은 아득히 머나먼 북쪽이라더군. 돼지를 먹여 기르는 자가 있었다더군.」

「요동이니 하는 곳까지 가지 않아도 돼지를 먹여 기르는 사람은 여기에도 있는걸. 우리 집에도 열 마리는 기르고 있지.」

「글쎄 들어봐. 이야기는 요동의 돼지 기르는 사람의 이야기지.자네 이야기가 아니야…. 어느 때, 그 집에서 머리가 하얀 돼지가 태어났다는군, 돼지 기르는 사람은 그만 놀랄 수밖에. 이 나이가 될 때까지 얼마나 많은 돼지를 보았는지 알 수 없지만, 이렇듯 기묘한 돼지는 처음 보았는걸, 이런 걸 이런 시골 구석에서 아낌없이 늙어 버리게 해선 안 되지, 도성으로 데리고 가서 천자님께 바쳐야겠다고 생각하고 돼지를 끌고 멀고 먼 중국 쪽으로 나오니까, 웬걸 중국에서는 길바닥에서 놀고 있는 돼

지들 가운데, 머리가 하얀 돼지가 얼마든지 있더란 말이
지. 정말로 놀랐지. 이게 무슨 일이람. 중국의 돼지는 모
두 머리가 희지 않은가, 하며 터덜터덜 다시 되돌아왔다
는 이야기야.」

「하하하, 그거 재미있군. 그렇다면 오씨댁 나리는 요동
의 머리 흰 돼지로군.」

「하하하! 아하하!」

이렇게 웃었다.

이리하여, 고향 사람들 사이에 웃음거리가 되었다는
것이 오기의 귀에 들어왔다.

오기는 크게 노하여 자기를 비웃는 사람 30여 명을 베
어 죽이고 남모르게 위나라에서 망명했다. 복양 성문까
지 따라와 배웅해 준 어머니와 울며 헤어졌는데, 팔꿈치
를 깨물어 피를 흘리며,

「재상이 되지 않는 한 다시는 고향 땅을 밟지 않겠다.」
라고 천지에 맹세하고 고향을 떠났다.

오기는 자기가 이전에 실패한 원인이 어디에 있는지를
반성하여 알고 있다. 실력도 기르지 않고 무턱대고 입신
할 일에만 조바심한 것이 나빴던 것이다. 먼저 자신의
힘을 길러야 한다고 생각하고 그 무렵 노나라 공자의 제
자인 증자(曾子)가 노나라 무성(武城)에 아직 살아 있었

으므로, 증자의 제자가 되었다.

증자는 공자보다 46살이나 적었다는 것이 〈사기〉 열전에 전해진다. 공자는, 기원전 479년 73살에 세상을 떠났으니, 공자가 사망했을 때, 증자는 27살이었다.

오기는 기원전 381년에 사망했는데, 그 때의 나이는 알 수 없다. 그러나 〈사기〉에 기재되어 있는 사항으로 생각하여 그다지 늙었으리라고는 생각되지 않는다. 대체로 60살로 꼽아보면 오기가 태어난 해는 기원전 440년이다. 일단 그렇게 정하여 이야기를 진행시키기로 한다.

그런데, 또 오기가 격노하여 고향 사람 30여 명을 베어 죽인 때는 아무래도 25살은 되었을 것이다. 그 전에 그는 청운의 뜻을 품고 몇 년 동안 천하를 뛰어다녔으니까. 이것도 우선 25살 때라고 해두기로 한다. 그러면, 이것은 기원전 416년이 된다.

증자는 이 때 어지간히 늙은 나이다. 90살이다.

오기가 태어난 해를 끌어올리면 얼마쯤은 젊게 할 수도 있겠지만, 앞으로 쓰는 사항으로도 알 수 있듯이, 그렇게 무턱대고 오기가 사망한 나이를 많게 할 수는 없다.

고작해야 92살이나 93살이다. 어떻든 오기가 입문했을 때 증자는 90살쯤으로 하여 써 나가겠다.

입문하여 증자의 집에서 살며 가르침을 받았는데, 얼

마 뒤 오기의 어머니가 세상 떠났다는 소식이 전해졌다. 오기는 슬퍼했겠지만, 재상이 되지 못하면 고향 땅을 밟지 않겠노라 맹세하고 나온 터였다. 이를 악물고 참았다.

오기의 이런 태도가 증자에게는 참으로 꺼림칙하게 여겨졌다. 본디 중국 민족은 효를 모든 도덕의 출발점으로 삼고 있다. 부모에게 효도하지 않는 자가 친구에게 신의가 있고, 인군에게 충성하며, 부부 유친하며, 자손에게 인자하고, 사회에 의로울 리가 없다는 것이 그들의 생활 체험에 의한 지혜다. 하물며, 증자는 공문(孔門)의 3천 명 제자 가운데서 공자가 〈능히 효도에 통한다〉고 보증했을 정도의 사람이다. 오늘날 전해지고 있는 〈효경(孝經)〉은 어떤 사람은 공자가 썼다고 하고, 어떤 사람은 증자가 썼다고 하고, 또 어떤 사람은 공자와 증자가 효도에 관한 문답을 한 것을 기록한 것이라는 여러 가지 설이 분분하다. 그러나, 그 내용에 증자의 언행이 많이 실려 있다.

〈사기〉열전에는 기재되지 않은 일이나, 증자는 오기에게 어째서 돌아가 장례에 참예하지 않느냐고 야단 쳤을 것이다. 이에 대해 오기는,

「소자는 학업을 끝내지 않는 한 다시 고향땅을 밟지 않겠다고 맹세하고 나왔습니다. 어머니가 세상을 떠나신

것은 슬픔을 견딜 수 없는 일이나, 이 맹세를 깰 수는 없습니다.」

라고 대답했을 것이다. 물론 고향에서 30여 명이나 사람을 죽였다고는 할 수 없었을 것이다. 그런 사람을 공문의 사람들은 제자로 삼지 않는 까닭에….

증자에게 오기의 대답은 더욱더 괴상하게 여겨졌을 것이다. 공문의 가르침은 격렬하거나 극단적인 것을 싫어한다. 아름다움과 착한 것은 언제나 조화에 있다고 한다. 아버지의 죄과를 관아에 고발하여 법의 정의를 지킨 어떤 사람의 실제 이야기를 하고 참으로 정의로운 사람이라고 칭찬한 데 대하여 공자가,

「우리의 동문에서는 그런 것을 정의라고 하지 않는다. 아버지는 아들을 위해 감추고, 아들은 아버지를 위해 감추니라. 정의는 저절로 그 속에 있느니라.」

고 대답한 일을 〈논어〉는 적고 있다.

이것이 공문의 가르침이다. 오기가 세운 맹세 따위는 어머니의 장례 때 돌아가지 않고서까지 지켜야만 하는 것이라고 생각할 수 없었을 것이다.

「어머니의 장례에도 돌아가지 않는 어질지 못한 자를 나는 가르칠 수 없다.」

라고 하며 오기를 파문했다.

　어쩔 수 없었다. 오기는 노나라 국도 곡부(曲阜)로 가서, 누구 밑에서 공부했는지 알 수 없으나, 이번에는 병법을 배우기 시작했다. 유학은 자신의 기질에 맞지 않는다고 생각했다.

　몇 해를 배워 오기의 병학은 크게 유명해졌으므로 노나라 에서는 오기를 불러 신하로 삼았다.

　그 무렵, 오기는 결혼했다. 아내는 제나라 여자였다. 노나라는 작은 나라이며, 삼면이 제나라에 빙 둘러싸였기에, 다른 나라라지만 노나라 사람은 손쉽게 제나라 땅을 오갔으며, 결혼도 두나라 사람 사이에 잘 이루어졌다.

　그러나, 얼마가 지나자 노나라와 제나라 사이에 싸움이 일어났다. 노나라는 작은 나라였고 제나라는 큰 나라였으므로, 노나라에서 싸움을 건 것이 아니라, 제나라가 걸었다.

　노나라에서는 오기의 병법을 높이 평가하고 있기 때문에 오기를 장군으로 삼아 싸움을 맡기자는 제의가 있었는데, 반대하는 자가 나타났다.

　「오기의 병법은 매우 뛰어나고 기발하지만, 그의 아내는 제나라 사람이오. 제나라가 아내의 친정 사람을 시켜 아내를 통해 설득하는 방법으로 나온다면, 아내의 사랑에 끌려 제나라에 마음을 내줄지도 모르는 일이오.」

라고 말하여, 의견이 모아지지 않았다.

오기로서는 소년 시절부터 동경했던 공을 세울 자리에 설수 있는가 없는가 하는 갈림길이었다. 마침내 아내를 살해하여, 이의를 말하는 자들의 의혹을 풀었다.

노나라는 오기를 장군으로 임명했다. 그는 군사를 이끌고 제나라로 들어가 연전연승 제나라를 쳐부쉈다.

오기가 아내에 대해 애정이 없었으리라곤 생각되지 않는다. 애정은 있었겠지만, 공을 세우는 데 대한 열정이 더 강했을 것이다. 물론 그 초인적인 강렬한 의지며, 천성적인 냉혹한 성격을 부정할 수 없다.

아무튼, 그는 여러 해 동경해 온, 공을 세우는 일의 첫 일을 해낸 것이지만, 노나라 사람들 사이에서 그는 평판이 좋지 않았다.

〈오기라는 사람은 본디 공명심이 왕성하고, 따라서 질투가 심하고 잔인한 사람이오. 그는 젊었을 때, 죄를 짓고 망명했고, 불효하여 증자 선생에게서 파문되었소. 이것은 모두 지나친 공명심과 냉혹함을 말해 주는 것이오. 믿을 수 있는 인물이라 할 수 없소.

게다가, 생각해야 할 것은, 이번 싸움에 이긴 것이 우리 노나라의 앞날을 위해 이로운가 어떤가 하는 점이오. 우리나라는 작은 나라요. 작은 나라로서 전승국이라는 이름을 갖게 된다면 열국에게 미움을 살 것이오. 반드시 열국은 여러 가지로 우리나라에 불리하게 할 것이오. 그리고, 또 생각해야 할 일은, 오기는 그 본국 위나라에서 죄를 범하여 미움을 산 자요. 우리 노나라와 위나라는 친한 사이요. 우리나라는 무왕의 동생이신 주공 단(旦)의 후손이고, 위나라도 또한 무왕의 동생이신 강숙의 후손이오. 형제의 나라로서 내내 친하게 사귀어 왔는데, 위나라가 미워하는 오기를 우리나라가 중용한다면 위나라에서는 절대로 좋게 여기지 않을 것이오. 두 나라의 화친이라는 점에서도 생각해야 할 일이오.〉

이와 같은 비평이 순수한 입장이나 노나라의 이해에서 나온 것이 아니었다.

오기는 위나라에서도 죄인이어서 위나라 사람의 미움을 사고 있으므로, 그를 높은 벼슬자리에 두면 두 나라의 화친을 깨느니 하는 식의 말은 옳지 않다. 오기에 대한 질투에서 어떻게 해서라도 배척하고 싶은 마음이 뻔히 보이는 말이다.

그러나, 너무나도 평판이 나빠 노나라 노군은 오기에게 싫증이 나서 오기를 파직해 버렸다,

오기는 실직자가 되었다.

이 시대, 위(魏)나라 문후(文侯)가 명성이 높았다. 본디

위나라는 그 전시대에 진(晉)나라의 일부분이었다. 춘추 시대 말, 진나라가 한·위·조 셋으로 나누어진 것이다. 문후는 위나라의 군주가 되었으나. 어진 사람을 써서 나라가 부해지고 강해져 주왕조로부터 정식으로 제후로 임명되어, 그 어진 이름이 널리 알려졌다.

오기는 위나라의 도성 안읍(安邑)에 가서 써 주기를 부탁했다. 문후는 이극(李克)이라는 신하에게 오기에 대하여 물었다.

「오기는 어떤 인물인가?」

「우선 명예심이 강한 사람입니다. 그 다음으론 여자를 좋아합니다. 그러나, 병법을 꽤 통달해서 옛날의 사마양저(司馬穰苴)도 미치지 못합니다.」

「그런가. 잘 았았소.」

문후는 오기를 신하로 삼았다.

이런 사실은 〈사기〉열전에 의한 것이다. 열전에는 사마양저 이야기도 실려 있다. 춘추시대 사람으로 손무보다도 옛 사람이다. 제나라 사람으로 본성은 전(田)씨다. 제나라 경공(景公)을 섬기며 무공이 있어 대사마(大司馬)로 임명되었으므로, 후세에 사마양저라고 불렀다고 사마천(司馬遷)은 쓰고 있다.

그러나, 〈사기고증(史記考證)〉이라는 책에는 〈사기〉

열전의 이 기술에는 잘못된 것이 적지 않다. 사마양저는 춘추시대의 사람이 아니다. 〈전국책(戰國策)〉에 의하면 전국의 중기 이후 제나라 민왕(潛王)시대 사람이며, 보통 정치가이지 장군이 아니다. 또 제나라에 대사마라는 관명은 없다. 이것은 〈사마법〉이라는 병법서를 지어낸 자가 그 책을 권위 있게 만들기 위해 전국 중기 이후에 실제로 있었던 인물 사마양저를 춘추시대 사람으로 하여 병법의 명인이라고 이야기를 지어냈다. 사마천은 가볍게 그것을 믿어, 그 전기를 썼고, 또 〈사기〉 열전에도 사용했다고 고증하고 있다.

정성 들여 연구한 일이 없는 자가 가볍게 판단을 내리는 것은 삼가야겠지만, 어쩌면 그럴지도 모른다. 다른 사람이 믿게 할 필요가 있는 종교적인 서적이나 병법서 따위에는 옛날에 유명했던 사람이 쓴 것이라든가, 있지도 않는 신인(神人)이나 천재를 만들어내 그 사람이 지은 것이라고 말하는 일이 흔히 있었다.

이리하여, 오기는 문후의 신하가 되어 위나라를 섬겼다. 문후는 오기를 장군으로 임명해 진(秦)나라와 싸워 진나라의 도읍 다섯 곳을 빼앗았다.

오기는 장군이 되어 무엇보다도 군사들의 마음을 얻었

는데, 그 방법은 싸움터에서 병졸과 똑같이 생활하는 것
이었다. 입는 옷도 같았고, 먹는 음식도 같았고, 잘 때에
도 특별한 잠자리를 만들지 않았고, 행군할 때에는 말이
나 수레에 타지 않고 보병과 똑같이 걸었으며, 똑같이
양식자루를 짊어졌다. 만일 병졸이 종기가 나거나 해서
고생하면 직접 입으로 고름을 빨아 주었으므로, 병졸들
은 이만저만 그를 따르는 것이 아니었다.

이 병졸의 종기에 얽힌 이야기는 다음과 같은 일화가
있다.

어느 날, 오기가 한 병졸의 종기를 빨아 주었다는 말을
그 병졸의 어머니에게 해 준 사람이 있었다. 그러자, 그
어머니는 갑자기 목놓아 울었다.

이야기한 사람은 놀라서,

「왜 이러시오. 장군께서 더러운 것도 싫다하지 않으시
고 고름을 빨아 주셨는데 고마운 일 아니오. 무엇 때문
에 운단 말이오?」

라고 말하자, 그 어머니는,

「그렇기 때문에 나는 슬픈 겁니다. 훨씬 전에 그 아이
의 아버지가 싸움터에 갔을 때, 역시 종기가 생긴 일이
있어 오장군께서는 손수 빨아 주시어 낫게 해주셨지요.

그랬더니, 저 아이 아버지는 장군님의 은혜를 깊이 느끼고 그 다음 전투 때, 앞장서서 적군 속으로 뛰어들어 한 발짝도 물러서지 않고 싸우다 끝내 죽고 말았답니다. 이제 틀림없이 저 아이도 다음 번 싸움에서 죽을 것입니다. 그런데, 어찌 울지 않을 수 있겠습니까!」
하며 더욱더 슬프게 울었다 한다.

이렇게 오기는 위나라를 크게 섬겨 무공을 세워 위나라에서 높은 벼슬에 올랐으나, 이윽고 문후가 세상을 떠나고, 아들 무후의 대가 되었다.

무후도 또한 오기를 중히 여겨 오기의 권세는 위나라의 대신 가운데 첫째, 둘째를 다투게 되었다.

무후의 대가 되자, 처음에는 전문(田文)이라는 자가 재상이 되고, 다음에는 공숙(公叔)이라는 자가 재상이 되었다.

공숙은 위나라 공실(公室)의 딸을 부인으로 삼았었으나, 그 재간으로나 인망으로나 무후의 신임으로나 오기에 미치지 못하는 것이 불안해서 견딜 수 없었다. 어떻게 해서든지 오기를 제거할 생각을 언제나 하고 있었다.

공숙의 이런 마음을 알고 공숙의 종이 이렇게 말했다.
「오기를 쫓아 버리는 것쯤 문제없습니다.」
「어떻게 하면 된다는 것이냐?」

「오기는 청렴결백하고 자존심이 강하며 명예심 또한 강합니다. 이것은 좋은 일입니다만, 이 점은 동시에 약점이기도 합니다. 그걸 이용하면 됩니다. 재상께선 우선 무후께 이렇게 말씀하십시오.」

〈오기는 어진사람이므로 반드시 열국에서 데려가려는 사자가 남모르게 많이 와 있을 것으로 생각합니다. 혹시나 가버리지나 않을까, 하여 신은 걱정됩니다.〉

그러면, 무후께선 틀림없이, 어쩌면 좋겠느냐고 물으실 것입니다. 그러면, 이번에는 이렇게 말씀하십시오.

〈오기에게 따님을 부인으로 출가시키고 싶다고 말씀해 보십시오. 만일 다른 나라로 떠날 마음이 없으면 수락할 것이고, 떠날 마음이 있으면 사양할 것입니다.〉

그러면, 무후께선 한 번 해보자고 하실 것입니다. 그런 후, 다음 공작을 하십시오.

이 저택에 오기를 초대하시어 저녁 식사를 함께 하십시오. 그리고, 미리 부인께 일러두셨다가 식사하는 자리에서 재상께 일부러 오만한 태도를 취하십시오.

그렇게 되면 오기는 공실의 따님을 부인으로 맞으면 언제나 부인의 모욕을 달게 받아야 한다고 생각할 것입니다. 오기처럼 자존심 강하고 명예심 강한 사람은 견딜 수 없을 것입니다. 무후로부터 따님을 출가시키겠다는 말씀이 있으면 반드시 사양할 것입니다. 그렇게 되면 오기에 대한 무후의 생각이 달라집니다. 오기는 지모가 뛰어난 사람인만큼 단념이 빠릅니다. 반드시 화가 미칠 것을 두려워하여 이 나라를 떠날 것입니다.?

공숙은 이 계략대로 했다.

계략은 보기 좋게 들어맞아, 오기는 위나라에서 도망쳐서 초나라로 갔다.

초나라 도왕(悼王)은 전부터 오기의 평판을 들었으므로, 그 사람이 자기 나라에 온 것을 기뻐하여, 재상으로 삼았다. 오기는 법령을 밝게 하여 백성들이 의지할 바를 가리키고, 행정을 정리하고 공족을 정리하여 국비를 절약하고, 군사를 잘 훈련 시켰으므로 초나라는 눈 깜짝할 사이에 불같이 일어났다.

오기가 초나라에 간 것은 기원전 387년이었다. 다시 말해서 빈과 방연이 초나라로 향하기 2년 전이다. 그 2년 동안에 그만한 업적을 쌓았다.

남자의 질투

그 때의 초나라 도성은 약(郜)이었다.

손무의 전략으로 여러 번 수륙 양면으로 오나라에 크게 패한 초나라가, 영(郢)도읍은 오군이 장강을 거슬러 올라와 내습할 염려가 있다 하여, 약으로 도성을 옮겼다. 그 때로부터 120여 년 후의 일이다. 그 땅은 지금의 호북성 의성(宜城) 부근 한수가 였다.

손빈과 방연은 봄이 다 갈 무렵에 그 곳에 닿았다.

약으로 오는 동안 두 사람은, 초나라가 오기를 재상으로 삼고 정치를 개혁한 뒤로, 여러 나라의 유세객(遊說客)들을 엄하게 탄압한다는 것을 알았다.

오기가 어째서 이런 일을 했는가를 알기 위해서는 이

시대가 어떤 시대였는가를 우선 살펴야 한다.

이 시대는 제후가 힘을 겨루는 일이 춘추시대와는 비교되지 않을 만큼 심했다. 춘추시대에도 제후들은 패업을 다투어 부국강병에 힘썼으나, 그래도 주왕조의 권위를 형식만 이라도 인정하여 패자는 제후의 우두머리로서 제후를 이끌고, 주왕조에 충성을 맹세하기로 되어 있었다. 따라서, 부국강병이라 해도 낡은 도덕에 제약받고 있어, 오로지 부국강병만을 쫓는 일이 없었다.

그런데, 이 시대가 되자, 아무도 주왕조의 권위 따위는 인정 하지 않았다. 따라서 군신간의 도의도 없었다. 진(晉)은 이미 그 가신들에 의해 국토가 셋으로 나뉘어 한·위·조나라가 되었고, 제나라도 또한 그 신하 전씨(田氏)의 세력이 커져서 거의 나라의 대부분을 차지하여 태공망 여상(呂尙)이래의 제후 집안은 기름이 떨어진 등불과 같은 상태가 되어 있었다.

이것은 이 때의 일로, 그 후 5년, 제나라는 완전히 전씨의 것이 되어 버린다.

제나라는 맨 처음 패자 환공(桓公)을 낸 나라이고, 진(晉)나라는 다음 번 패자 문공(文公)을 낸 나라다. 상당한 강국이었는데, 두 나라 다 이렇게 되었다.

열국의 상황에도 큰 변화가 있었다. 중원땅의 오래 된

나라로서 예로부터 남아 있는 것은 송나라와 노나라뿐
이었다.

진나라와 초나라는 남아 있지만, 주대 초에는 오랑캐
라고 불리던 나라다.

오랑캐라고 했던 나라 가운데서도 오나라와 월나라는
이미 멸망하여, 그 옛 땅은 초나라 것이 되어 있다.

새로 오랑캐나라로부터 강국으로 성장한 나라도 있다.
연(燕)나라이다.

연나라는 주나라와 동성이나 연나라는 북쪽 구석에 치
우쳐 있고, 백성은 오랑캐였었지만, 이 시대가 되어 상
당한 세력이 되었다.

다시 말해서, 이 시대의 나라 가운데 주된 나라는 진
(秦)·초·한·위·조·송·노·제·연의 아홉 나라로,
그 가운데서도 힘이 강한 나라는 진·초·한·위·조·
제·연의 일곱 나라이며, 이것을 전국 칠웅(七雄)이라고
한다. 주나라는 여전히 계속되고 있기는 했다. 한나라와
위나라 사이에 끼어 아주 좁고 작은 영지를 보유했다.

그러나, 이제는 왕이라기보다도 실은 작은 제후에 지
나지 않았다.

천하가 이런 모양이었으므로, 가장 노골적이고 신랄하
게 양육강식이 행해져서, 제후는 자기 나라를 강하게 하

기에 필사적이었다.

이런 제후의 요구에 따라 부국 강병술로서 제후에게 유세(遊說)하는 자가 나타났다. 그 설하는 바가 세상에 받아들여서 벼슬하게 되면 단번에 경상(卿相)이 되었다. 재능있고 야심 있는 자가 목숨을 걸고 노력하는 것은 당연했다.

방연이 병법을 배워 병법으로 세상에 입신하려는 것도 바로 이 때문이며, 오기가 젊어 천하를 두루 다니며 벼슬할 길을 찾노라고 수많은 가산을 탕진한 것도 이 때문이었다.

오기는 젊은 시절에는 실패했으나, 병법을 배운 일이 출세하는 실마리가 되어, 초나라 재상이 되어서, 군사뿐 아니라 국정 전반을 맡는 신분이 되었다. 그러나, 자기가 국정의 모든 책임자가 되어 보니, 이 유세자들에게 호의를 가질 수 없었다. 그는 생각했다.

(첫째, 유세자의 목적은 자신의 부귀영달에 있다. 따라서 부귀와 영달을 위해서는 나라의 이해 따위는 조금도 개의치 않는다. 이것이 그들의 본심이다. 둘째, 유세자들의 설은 인심을 어지럽게 한다. 군주가 그 말에 망설이게 되었을 경우, 한나라의 정치가 근본부터 흔들리어 민심 또한 흔들릴 것은 말할 나위 없다. 그렇지 않은 경

330 / 소설 孫子兵法(2)

우라도, 현재 행해지고 있는 정치를 비난하기 때문에 사람들의 믿음이 흔들리고, 위정자는 신뢰를 잃게 된다. 어느 것이나 나라를 위하는 일이 되지 않는다.)

오기는 이것을 왕에게 강력히 주장하여, 유세자들이 이 나라로 들어오는 것을 엄하게 금지했다.

그러므로, 글을 읽은 듯한 사람은, 초나라에서는 관소를 지키는 관원이나 여인숙 따위를 맡아보는 관원이 미주알 고주알 여러 가지 일을 캐어물어, 조금이라도 수상하게 여겨지면 나라밖으로 물러날 것을 명했다.

그러나, 방연과 빈은 나이가 아직 어린데다가, 다름 아닌 오기를 찾아간다고 하여 그럭저럭 별 탈 없이 약에 이를 수 있었다.

약에 도착해서 일단 여인숙에 자리를 잡은 다음, 두 사람은 오기의 집을 보러 갔다.

왕궁 옆에 공족·경·대부들의 크고 으리으리한 저택만이 즐비하게 늘어서 있는 저택가에 있는 오기의 저택은 훌륭하지 않은 것은 아니었지만, 생각했던 것만큼은 못 되었다. 근처 어떤 저택보다도 작았다. 그러나, 가장 청렴하고 결백하게 처세하고 있는 오기의 사람됨과 아울러 생각하면, 어떤 저택보다도 청결하고 훌륭하게 보였다.

두 사람은 만족했으나, 어떻게 하면 오기를 만날 수 있을지 문제였다. 이런 때, 어리석게 찾아갔다가 처음 면회를 사절당하게 되면 좀처럼 잘 되지 않는다. 병법을 연구하는 두 사람은 그것을 알고 있었다. 처음부터 순조롭게 만날 궁리를 해야 한다고 생각했다.

방연이 먼저 의견을 내놓았다.

「이런 때에는 저 쪽에서 만나고 싶은 마음을 일으키게 해야만 하네. 그렇게 하면 앞으로의 일도 잘되네. 우리는 애써 문장을 써서 오선생 저택에 전하도록 하세.」

빈이 웃었다.

「선생을 탄복시킬 만큼 명문을 쓰자는 말인가?」

오랜 여행 동안에 두 사람은 예전의 서먹서먹함을 버리고 막역한 사이가 되었다.

방연은 웃지도 않았다.

「그렇다니까. 자네와 내가 연구한다면 그 정도의 문장은 쓸 수 있을 것 아닌가?」

빈이 말했다.

「그것도 한 가지 계책이네만, 나는 오선생쯤 되는 분을 감탄하게 해야겠다는 생각은 버리고 우리가 천리 길을 멀다 하지 않고 선생을 따르기 위해 왔다는 것을 호소하여 진정한 마음을 전하는 편이 좋을 것으로 생각하네.」

그러나, 어떻든 따로따로 편지를 써보기로 하고, 다 쓴 다음 서로 바꾸어 읽었다.

방연의 문장은 한 편의 병법론이었다. 고금의 병법의 역사, 변천된 내력을 말하고 일일이 이것을 논평하고 오기가 여러 전쟁에서 쓴 병법을 논하여 가장 뛰어난 것이라고 칭찬한 다음, 마지막으로 자기들은 병법 연구에 생애를 바치고 싶어하는 자라고 말하고, 선생을 따르기 위해 천리 먼 곳에서 왔으니 만나 주시기 바란다고 맺었다.

빈의 글은 매우 짧았다.

〈소생은 제나라 아견에서 태어난 손빈이라는 자로, 손무 자손입니다. 송나라 상구에서 태어난 방연과 벗이 되어, 집에 전해지는 병서를 함께 읽어, 병법 연구에 뜻을 품고, 선생을 흠모하는 정 깊고 간절하여 견딜 수 없어, 뜻을 노부에게 고하고 선생을 찾아 떠날 허락을 얻어 천리나 떨어진 이 나라까지 왔습니다. 바라건대, 이 뜻을 어여삐 여기시와 한 번 만나 주시어 가르침을 주십시오.〉

이런 말뿐이었다.

「이건 너무 평범하네.」

　방연은 탐탁해 하지 않았다. 자신의 문장이 더 낫다고 생각하는 모양이었다.

　빈이 주장했다.

　「자네의 문장은 당당한 대논책(大論策)일세. 그러나, 그런만큼 처음부터 내놓으면, 만일에 거들떠보지 않았을 경우 그 뒤에는 쓸 방법이 없잖은가. 그러니, 우선 내 글을 내놓아 보고 소용이 없게 되었을 때 자네의 문장을 내놓도록 하세나. 우리는 기회를 두 번 갖게 되네.」

　빈이 이런 식의 말은 방연의 자존심을 만족케 했다.

　빈의 문장을 깨끗이 정서하여 오기의 저택 집사에게 전했다. 빈은 그 집사에게 꽤 많은 황금을 주었다.

　사흘 동안 아무런 소식도 없었다.

　「역시 틀렸군. 이번에는 내 문장을 보낼 차례일세.」

　방연이 이렇게 말하고 정서를 시작했는데 쓰기 시작했을 때 찾아온 사람이 있었다.

　오재상의 심부름으로 왔노라는 그 사람은,

　「손무 장군의 자손이신 손빈님이십니까?」

라고 빈에게 물은 뒤,

　「주인어른께서 오시기를 기다리고 계시니, 곧 친구분과 함께 와주시지요.」

라고 말하고 돌아갔다.

실패했다고 여겼던 빈은 꿈만 같았다. 방연 또한 마찬가지였다.

「어떻게 그 편지에 그런 힘이 있었을까?」

「어찌 되었든 만나주시겠다지 않나. 빨리 준비하고 가보세.」

빈은 얼굴과 손발을 씻고 머리를 잘 빗은 다음 관(冠)의 먼지를 털고 옷을 갈아입었다.

방연은 그래도 납득이 가지 않는 양, 무슨 말인지 중얼거리면서도 몸차림을 끝냈다.

두 사람은 여인숙을 나와 오기의 저택이 있는 동네로 향했다.

도중에 떠들썩한 상가 거리를 지날 때였다. 문득 방연이 걸음을 멈추고 빈을 돌아보았다.

「알았네! 그 심부름꾼은 손무 장군의 자손이신 손빈님이십니까? 하고 자네에게 물었지?」

「아아, 맞았네. 그렇게 말했지.」

「그러니까 이건 자네 문장의 힘이 아닐세. 자네가 손무 장군의 자손이기 때문일세. 오기 선생께선 손무 장군에 대한 경의로 자네를 만날 생각을 하신 것일세. 선조의 덕일세. 단연코 자네 문장의 힘에 의한 것은 아닐세.」

노골적이었다. 빈은, 방연의 그 얼굴에서 뭐라고 할 수 없는 혐오스러운 표정을 보았다. 그리고, 그것이 질투의 표정임을 알았다. 늦은 봄날 오후의 진한 술과도 같은, 햇빛 속에서 보는 이 어두운 표정은 두 사람이 친구가 된 뒤로 처음, 아니, 남자의 얼굴에 나타난 것을 보는 것은 빈으로서는 처음이었다.

가장 뜻밖의 것을 본 것 같아서 빈은 놀랐으나, 껄껄 웃었다.

「듣고 보니 그렇군. 나도 이상하게 생각했네. 아아 하룻밤 고생한 문장이 할아버지 덕만 못하군. 하하하. 너무 우습군. 아무려면 어떤가. 우리는 오기 선생을 만나뵐 수 있는 것일세. 그런 일로 만나 주실 생각을 하신 것이니, 문하에 받아주실 수도 있지 않겠나.」

방연은 대답하지 않았으나, 질투의 표정은 벌써 없었다.

「자, 가세 가. 곧 오라고 하셨다지 않던가. 너무 늦으면 예를 잃게 되네.」

빈이 걷기 시작하자 방연도 걸었다. 마음에 걸려서 빈은 이따금 친구의 얼굴을 살펴보았으나, 방연의 얼굴은 이미 여느 때의 얼굴이었다.

오기는 머리와 수염이 반백이고, 여위고 키가 컸으며 눈초리가 매서운 사람이었다.

　본디부터 무인으로 몸이 잘 단련된 것이리라. 몸놀림이 나이에 어울리지 않게 기운차고 민첩했다.

　매우 소탈하고 싹싹한 태도로 두 사람을 만나, 빈의 집안에 대한 일이며, 방연의 집안에 대한 일을 물으며 몹시 기분이 좋았는데, 드디어 두 사람이 문하생 끝머리에 넣어 병법을 가르쳐 주십사고 말하자 갑자기 불쾌해 했다.

　「나는 그대가 손무 장군의 자손이라고 하기에, 옛날 장군의 병서를 읽으며 학문에 힘써 배운 바 있었던 은혜를 생각하며 박정하게 할 수 없다고 생각하여 만나기로 한 것이야. 그러니, 그 이상은 아무것도 할 생각이 없다. 대체 그대들은 병법을 수업하고 있다는데, 병법따위를 배워 어쩌겠다는 것인가? 그것으로 입신하여 부귀영달을 얻을 생각이라면 단념하게. 우리 초나라에서는 모든 유세자를 금하고 있네. 이 금지령을 내가 건의하여 나라법이 된 것이야. 그대들을 문하생으로 삼는 것은 유세자를 만드는 것이야. 나로서는 할 수 없는 일이야.」
라고 매우 쌀쌀한 태도를 취했다.

　방연이 별안간 의자에서 일어나서 무릎을 꿇고 두 손을 모으고 절하며 머리를 조아렸으므로, 빈도 따라 했다. 방연이 말했다.

　「잠깐 저희들이 드리는 말씀을 들어 주십시오. 각하께

선 초나라는 유세자를 엄금하고 계시다 하셨습니다. 저희들은 앞으로 유세자가 될지 모르지만, 지금은 그렇지 않습니다. 또한, 금지령이 있는 한 이 나라에서 유세하려는 생각도 없습니다. 그것은 맹세합니다. 각하께선 지금 이 나라의 재상이 되어 국정에 해롭다 하여 유세자를 엄단하는 법을 내리셨습니다만, 각하께서 오늘의 위치를 얻으시게 된 그 시초에는 어떠했습니까? 병법을 배우고 기예(技藝)가 이루어지자, 처음에 노나라에서 벼슬하시고 다음에 위나라에 가시어 써주기를 청하시지 않았습니까. 그것은 유세가 아니었을까요? 그것은 그렇다 하고, 자신이 배워 익힌 바로써 입신하여 이름이 당대에 널리 알려지고 후세에 전해져 부모의 이름을 나타내는 것은 남자로서 본디 바라는 바입니다. 각하께서는 자신에게는 이를 허락하시고, 저희들 후진에게는 허락지 않으시는 것입니까? 그것은 불인(不仁)이 아니겠습니까. 일찍이 각하의 선사(先師)께서 각하께 가르쳐 주셨듯이, 저희들에게도 가르쳐 주십시오.」

오기는 계속 고개를 젖고 있었다. 조금도 마음을 움직이지 않았다.

이번에는 빈이 말했다.

「약관도 되지 못한, 배움이 천박한 자로서 이런 말씀드리는 것은 주제 넘는 일입니다만, 아마도 학술로써 세상에 입신 하는 자는 그 생애에 얻은 바를 후세에 전해야 할, 하늘이 맡긴 책무가 있지 않겠습니까? 조금 전에 들은 바로는 각하께선 젊었을 때 소자의 선조 무(武)할아버지의 병서를 읽으시어 배우신 바가 있었다 하셨는데, 그것은 무할아버지께서 그 생애에 얻은 것을 써두었기 때문입니다. 소자의 선조 무장군은 오왕 합려의 장수가 되어 몇 가지 무훈을 세웠다는 것뿐, 그밖에 공이 있음을 알지 못합니다. 각하께선 장수하시어 백전백승하셨으며, 재상이 되셔서는 또한 일세가 우러를 만한 크나큰 공적이 있으십니다. 타고나신 자질은 천만 사람을 넘으며, 고금을 통해 뛰어나시기 때문입니다. 이와 같은 천성이 계신 이상, 각하께서 오늘날까지의 생애에 이르러 얻으신 것은 무엇보다도 훌륭한 것일 터입니다. 전하신 곳이 없으면 그것은 각하와 더불어 없어지고 맙니다. 그래도 좋으시겠습니까? 하늘이 맡기신 각하의 책임은 어찌 되겠습니까?」

오기는 팔장끼고 난처한 듯이 뜰 앞을 흐르는 저녁 달빛을 뚫어지게 바라보더니, 그 팔을 풀며 조용히 웃었다.

「둘 다 꽤나 논하는군. 좋아. 나는 바쁜 몸이니 가르칠 겨를이 있을지 어떨지 모르지만, 이 집에 있도록 해라. 그 대신 공부하며 일하는 하인으로서 여러 가지 잡무를 보아야 한다.」

두 사람은 그야말로 감읍하여 머리를 조아리고 ,고맙다는 말을 했다.

이리하여 두 사람은 오기의 집에 학복(學僕)이 되어 지내며, 종이나 일꾼들이 하는 천한 일을 하면서도 열심히 병법을 배웠다. 오기의 장서도 읽었고, 오기에게 질문도 하고, 때로는 오기가 출진할 때에는 종자로서 종군하여 실전에 나가 배웠다.

두 사람의 학문은 함께 매우 빠른 진보를 이루었으나 2년째 되는 해 절반쯤 되자, 조금 달라지기 시작했다. 그것은 차이라고 할 만한 것은 아닐지도 모른다. 마라톤 경주에서 나란히 똑같이 달리는 두 선수가, 한 쪽은 숨결이 고르고 편안한데 한 쪽은 헐떡이기 시작한 것과 같은 차이였다.

물론 여유 있는 것은 빈이었고, 숨이 차기 시작한 것은 방연이다. 어쩌면 이것은 타고난 성품의 차이가 아니라 태도에서 오는 것일지도 몰랐다. 빈은 병법으로 영달하려는 생각이 없었다. 좋아서 연구하는 것이었다. 조금도 조바심할 일이 없었지만, 방연은 그렇지 않았다.

멀지 않아 부귀영달의 도구로 삼아야 했다. 너무 절실하게 열중하다 보니 마음에 여유가 없고, 따라서 피로가 빨리 왔는지도 모른다.

보다 못해 오기가 이렇게 말했다.

「조급하게 굴지 말아라.」

3년째 되는 해, 오기의 신상에 생각지도 못한 비참한 일이 일어났다.

오기를 가장 신임했던 도왕이 며칠 앓다가 세상을 떠났다. 오기는 이 나라에 온 뒤로 겨우 6년, 도왕의 전폭적인 신임을 얻어 마음껏 뛰어난 솜씨를 떨쳐, 그 권세가 초나라 조야(朝野)를 뒤흔들었다. 그 때문에 초나라의 공족들이며 대신들이 오기를 시기하며 미워하는 자가 많았다.

오기가 재정을 정리하는 일의 일환으로 공족들도 정리한 것은 크게 미움을 사는 원인이 되었다.

이 사람들은, 도왕이 세상을 떠나자 도왕의 유해가 아직 장례지내지도 않고 궁에 모셔져 있는데도 한데 뭉쳐 정변을 일으켰다.

그들은 활과 검과 창을 들고 궁중에서 오기를 습격하여, 화살을 빗발처럼 쏘아 대며 칼과 창을 휘두르며 다가갔다.

오기는 빈궁으로 도망쳐 들어갔다. 설마 왕의 유해가 있는 곳에서는 폭력을 휘두를 수 없을 것이라고 생각했다. 그러나, 피에 미친 사람들은 그런 구별이 없었다. 변함없이 화살을 쏘아댔다.

오기는 침대에 안치해 놓은 도왕의 유해를 안고 엎드렸다. 대왕의 유해를 상하게 할 것을 두려워하여 공격을 늦출 것이라고 생각했으나, 사람들은,

「비겁하다!」

라고 떠들며 한층 더 활을 소나기처럼 쏘았다.

마침내 왕의 유해에 화살이 고슴도치처럼 박혔고, 오기도 또한 똑같이 되어 죽었다.

소설 손자병법 2권

· 2005년 4월 20일 초판 발행
· 2013년 1월 10일 2쇄 발행

· 저   자 : 張 道 明
· 발행자 : 김 종 진
· 발행처 : 은 광 사
· 등   록 : 제 18 - 71호(1997. 1. 8)
· 주   소 : 서울 중랑구 망우3동 503-11호
· 전   화 : 763-1258 / 764-1258

※잘못된 책은 교환해 드립니다.

정가   18,000원